Geburtsort, Bezirk, Land	Todestag	Heimatsgemeinde, Bezirk, Land	Todesursache	Beerdigungs-Tag	Anmerkung
Böhmen	29/12.	hier	—	1/1	
Prag.	3/I.	Prag.	Herzlähmung	—	am 5/1. nach Prag überführt.
Horn	2/2.	Krebs	hier	5/2	
Böhmen	3/3.	Bittou V.O.	—	5/III.	

Rotraut Hackermüller · Das Leben, das mich stört

Rotraut Hackermüller

Das Leben, das mich stört

Eine Dokumentation zu Kafkas letzten
Jahren
1917–1924

MEDUSA VERLAG
Wien–Berlin
1984

CIP-Kurztitelaufnahme der Deutschen Bibliothek

Hackermüller, Rotraut:
Das Leben, das mich stört: e. Dokumentation zu Kafkas letzten Jahren 1917–1924/Rotraut Hackermüller. – Wien; Berlin: Medusa-Verlag, 1984
ISBN 3-85446-094-5

Umschlagfoto: Warteraum der Klinik Hajek, Wien

Copyright © 1984 by Medusa Verlagsges.m.b.H.,
Wien–Berlin
Alle Rechte vorbehalten

Herstellung: René Billiani
Satz: Satzstudio Reisner, Wien
Druck und Bindung: Missionsdruckerei St. Gabriel, Mödling
ISBN 3-85446-094-5

INHALT

Seite

Prolog _____ 6

1917 – Der Ausbruch der Tuberkulose __ 26
„Zurück zur Natur" als Selbsttherapie ____ 28
„Ich bin geistig krank" _____ 32
Milena _____ 42

In der Hohen Tatra _____ 50
Robert Klopstock _____ 60
„Gesundwerden – für mich
ausgeschlossen" _____ 68

„Die ewigen Qualen des Sterbens" ____ 74
Krank aus Absicht _____ 74
„Ansturm gegen die letzte irdische
Grenze" _____ 80
Der letzte Fluchtversuch aus den Fesseln
Prags _____ 86

„Unmerkliches Leben.
Merkliches Mißlingen" _____ 98
Das „böse" Sanatorium Wienerwald ____ 100

In der schönsten laryngologischen
Klinik der Welt _____ 106
Der Tod – Dichtung und Wahrheit ____ 114
Nacht – Botin des Todes _____ 122

Endstation Kierling _____ 130
Kafkas letzte Tage _____ 136

Wer ist Franz Kafka? _____ 154

Bibliographie _____ 163
Quellennachweis _____ 164
Bildnachweis _____ 166
Dank _____ 167

Prolog

(1) Frontispiz: Letztes Foto Franz Kafkas (Winter 1923/24).

„Mein Glück, meine Fähigkeiten und jede Möglichkeit, irgendwie zu nützen, liegen seit jeher im Literarischen",[1] bekennt Franz Kafka im März 1911. Wie ausschließlich er diese Berufung in sich fühlt, beschreibt er ein knappes Jahr später: „Als es in meinem Organismus klargeworden war, daß das Schreiben die ergiebigste Richtung meines Wesens sei, drängte sich alles hin und ließ alle Fähigkeiten leer stehen, die sich auf die Freuden des Geschlechtes, des Essens, des Trinkens, des philosophischen Nachdenkens, der Musik zuallererst, richteten. Ich magerte nach allen diesen Richtungen ab. Das war notwendig, weil meine Kräfte in ihrer Gesamtheit so gering waren, daß sie nur gesammelt dem Zweck des Schreibens halbwegs dienen konnten."[2] Als er in der Nacht vom 22. zum 23. September 1912 in einem Zug die Geschichte „Das Urteil" schreibt und damit seinen literarischen Durchbruch einleitet, fühlt er sich in seinem Bewußtsein bestätigt, daß „nur s o " geschrieben werden kann, „nur in einem solchen Zusammenhang, mit solcher vollständigen Öffnung des Lebens und der Seele."[3]

(2) Altstädter Flußwehr. Blick von der Kleinseite zur Altstadt mit der Teinkirche.

(3) Kreuzherrnplatz und Karlsgasse. Links vorne die Salvatorkirche.

Aber einer Selbstverwirklichung im Schreiben stehen Hindernisse im Weg, deren Bewältigung ein einziger Kampf ist: seine Geburtstadt Prag, die Familie, sein Beruf, sein neurotisches Verhältnis zu Frauen und die sich daraus ergebenden psychischen Konflikte, die in engem Zusammenhang mit seinen Krankheitserscheinungen stehen.

Die Grundstimmung Prags um die Jahrhundertwende ist ein eigenartiges Gemisch von Tradition und Zukunftserwartung. Da ist einerseits das sonnige, hunderttürmige, moderne Prag mit seinem in eifrigem Wettbewerb mit den wirtschaftlich-kulturellen Zentren Westeuropas stehenden Großbürgertum, andererseits das düstere Ghetto-Prag des Golem und der

Das Leben, das mich stört

(4) Blick auf Prag-Kleinseite mit Niklaskirche und Hradschin vom Kleinseitner Brückenturm.

(5) Der Wenzelsplatz im Zentrum Prags.

geheimnisvollen Alchimistenhäuser, in denen „die Fauste der rudolfinischen Renaissance Gold und Geister beschworen" haben.[4] „In keiner Stadt der Welt ist das Begrabene lebendiger, die Verwesung anheimelnder", sagt Anton Kuh. In dieser gereizten Atmosphäre zwischen Mythos und Geschichte, „Rütlischwur und Ritterschlag"[5], Liberalismus und Nationalismus „konnten sich in jedem Augenblick die gleichgültigsten Gegenstände ... ja bloße Wörter in die heiligsten Güter verwandeln, um deretwillen Tschechen und Deutsche einander die Köpfe einschlugen", berichtet Urzidil.[6]

In dieser „Stadt der Eigenbrötler, der Tag-Gespenster und Originale"[7] ist Kafkas Zugehörigkeit ständig in Frage gestellt, fühlt sich Kafka in dreifacher Hinsicht als Ausgestoßener: als Böhme unter Österreichern, als Österreicher unter Deutschen und als Jude unter Christen. Kafka versucht einige Male, dieser Stadt den Rücken zu kehren, „aber Prag läßt nicht los", bekennt er. „Dieses Mütterchen hat Krallen."[8]

Kuh bezeichnet dieses Prag ironisch als „eine Art meteorologischer Versuchs-Station für deutsche Kunst und Literatur." Er schreibt, daß auf dem Barometer des Café „Arco" genau ablesbar gewesen sei, „wann der christliche Pantheismus seine Herrschaft antreten, wann der Ex- dem Impressionismus nachfolgen und welche neue Bewegung in Schwung kommen würde."[9] Hier, in diesem Kaffeehaus, findet Kafka unter seinen Freunden Max Brod, Otto Gross, Franz Werfel, Ernst Weiß Anerkennung im kleinsten Rahmen – außerhalb seines Freundeskreises bleibt er weitgehend unbekannt.

In seinem Elternhaus findet er wenig Verständnis für seine literarische Arbeit. Weder der Vater noch die Mutter, die wirtschaftlichen Erfolg oder eine wissenschaftliche Laufbahn, jedenfalls aber einen „normalen" Beruf für das einzig Erstrebenswerte halten, begreifen die eigenwilligen Neigungen des Sohnes, der ihnen mit seinen „Flausen" nur Kummer bereitet. „Wenn er wenigstens einmal ein Stück wie ‚Die Fünf Frankfurter' schreiben würde", das könnte der Vater gerade noch verstehen, aber was soll er mit diesem Gekritzel anfangen?[10] Diese Geringschätzung trifft Kafka so, daß er sich - belastet mit Minderwertigkeitskomplexen und Schuldvorstellungen - „hilflos und außenstehend", ja geradezu „als Verderben der Familie" fühlt.[11] Ewig mißverstanden, zieht er sich in sich selbst zurück und wird zum stillen Einzelgänger. Von der Notwendigkeit, einem existenzsichernden Beruf nachgehen zu müssen, fühlt er sich gleichermaßen bedroht wie von der väterlichen Autorität. Obwohl er als Beamter der „Arbeiter-Unfall-Versicherungs-Anstalt" für das Königreich Böhmen in Prag nur sechs

(6) Franz Kafka (1906/07). Er schreibt über sich: „Sicher ist, daß ein Haupthindernis meines Fortschrittes mein körperlicher Zustand bildet. Mit einem solchen Körper läßt sich nichts erreichen. Ich werde mich an sein fortwährendes Versagen gewöhnen müssen."

(7) Der Graben, die Hauptstraße Prags.

(8) Die Deutsche Universität (Karlsuniversität) in Prag. Hier studierten u.a. Franz Kafka, Max Brod, Robert Klopstock.

Das Leben, das mich stört

(7)

(8)

Stunden täglich arbeiten muß und zum Unterschied von den meisten seiner Freunde nur für sich selbst Verantwortung zu tragen hat, fühlt er sich doch „vollkommen überarbeitet". Kafka zeigt hier eine extrem geringe Belastbarkeit. Dabei ist er gewissenhaft und bisweilen von einem fanatischen Ehrgeiz erfüllt, wenn es darum geht, Arbeitern zu ihrem Recht zu verhelfen. Er ist ein angenehmer Arbeitskollege, den man gern hat und schätzt. Seine Mitarbeiter ahnen nicht, wie sehr er unter der Belastung des Brotberufs leidet, zumal er kaum mit jemandem über seine literarische Arbeit spricht. Die zwei Berufe können „einander niemals ertragen und ein gemeinsames Glück zulassen", schreibt er in sein Tagebuch, so daß er von einem „schrecklichen Doppelleben" spricht, „aus dem es wahrscheinlich nur den Irrsinn als Ausweg gibt."[12]

(9) *Neues deutsches Theater. Kafka sieht hier u.a. am 20. Oktober 1921 die Aufführung „Der Geizige" mit dem berühmten Schauspieler Max Pallenberg in einer Hauptrolle.*

Kafka wird nicht irrsinnig, obwohl er sich selbst einmal als „geistig krank" bezeichnet. Das Bedürfnis, allen Ansprüchen gerecht zu werden, führt allerdings zu einer Angstpsychose, die sich besonders tragisch in seinem Verhältnis zu Frauen auswirkt. Immer wieder wird er geliebt, ohne daß man sein Herz erreicht. Auch er möchte lieben, „bis zur Erschöpfung der Bewunderung lieben"[13], und versteht doch von der Liebe genauso wenig wie von der Musik. Ein Eingeständnis, das ihn jedoch nicht daran hindert, die Begegnung mit Frauen zu suchen. Aber letztlich empfindet er seine Beziehungen zu ihnen, denen er sich immer wieder entzieht, aus Angst, den Anforderungen fester Bindungen nicht gewachsen zu sein und nicht mehr zurückkehren zu können in die „besinnungslose Einsamkeit", genauso als Bedrohung seiner Schaffenskraft wie die bedrückenden Familienverhältnisse und die Aktenberge auf seinem Büroschreibtisch.

(10) *Kafka ist interessierter Besucher von Kunstausstellungen, die hier stattfinden.*

Es stellen sich allmählich verschiedene Beschwerden ein, die Kafka selbst einerseits mit seinen seelischen Konflikten und andererseits mit dem Schreiben in Zusammenhang bringt.

„Seit längerer Zeit klage ich schon, daß ich zwar immer krank bin, niemals aber eine besondere Krankheit habe, die mich zwingen würde, mich ins Bett zu legen", schreibt er in sein Tagebuch.[14] Er leidet an Schlaflosigkeit und übersteigerter Lärmempfindlichkeit, die ihm nicht nur seelische Qualen bereitet, sondern auch körperliche, die bis zu Herzbeschwerden führen – seine „angstgeschärften Ohren" reagieren auf die leisesten Geräusche. Er leidet an Verdauungsschwierigkeiten, die ihn zum Vegetarier werden lassen, und an Spannungen über der linken Schädelhälfte, „die sich wie ein innerer Aussatz anfühlt". Er leidet an immer wiederkehrenden Kopfschmer-

(11) *Prag-Žižkov. Nach dem Hussitenführer Žižka benanntes Proletarierviertel an der Peripherie Prags. In dieser Gegend befindet sich die Asbestfabrik, deren stiller Teilhaber Kafka ist. Er betritt „die Vorstadt stets mit einem gemischten Gefühl von Angst, von Verlassensein, von Mitleid, von Neugier, von Hochmut, von Reisefreude, von Männlichkeit" und kommt „mit Behagen, Ernst und Ruhe zurück, besonders von Žižkov."*

(12) *Typischer Trödlerladen in der Pinkasstraße. Im Jahr 1908 wird das Haus abgerissen und in der unmittelbaren Nähe ein sehr ähnlicher Laden eröffnet.*

Das Leben, das mich stört 11

(11)

(12)

zen, die er seinem Freund Max Brod mit den Worten beschreibt: „Solch ein Gefühl müßte eine Glasscheibe an der Stelle haben, wo sie zerspringt."[15] Vor allem aber leidet er unter der Angst vor einer Krankheit, die ihn wirklich niederwerfen könnte, was folgende Notiz deutlich macht: „Ich bin wahrscheinlich krank, seit gestern juckt mich der Körper überall. Nachmittag hatte ich ein so heißes, verschiedenfarbiges Gesicht, daß ich beim Haareschneiden fürchtete, der Gehilfe, der doch mich und mein Spiegelbild immerfort sehen konnte, werde an mir eine große Krankheit erkennen. Auch die Verbindung zwischen Magen und Mund ist teilweise gestört, ein guldengroßer Deckel steigt entweder auf und ab oder liegt unten und strahlt mit einer sich verbreitenden, die Brust an der Oberseite überziehenden, leicht drückenden Wirkung empor."[16]

(13) Denkmal des tschechischen Schriftstellers Julius Zeyer in den Chotekanlagen. Kafka schreibt über diesen Park: „Schönster Ort in Prag".

Dr. Christoph von Hartungen sieht in diesen Symptomen eine typische Zeiterscheinung: „Das Leben in der Gegenwart ... stempelt den Großstadtmenschen zum Maschinenteil. Früher gelang es auch dem Mittelmäßigen, individuell zu schaffen und beruflich in diesem Sinne tätig zu sein. Er vermochte ein einfacheres, aber ganzes Räderwerk vorzustellen. Mit den wachsenden technischen Errungenschaften gelingt dies nur mehr wenigen, der Einzelne der großen Masse funktioniert nur noch als Rad oder Zahn eines solchen. Die Individualität wird unterdrückt ... die notwendige Reaktion bleibt nicht aus." Das Bedürfnis, „sich in irgendwelcher Form individuell (zu) betätigen", ist beim Großstadtmenschen besonders groß. „Ist dies in keiner Weise möglich, wird er ‚individuell' krank, ‚ein solches Leiden, wie er hat', hat noch keiner gehabt, kein Arzt versteht ihn und weiß es zu behandeln. Er sucht ein Sanatorium auf. Der Aufenthalt in einem solchen ist ein Zeitbedürfnis geworden. Dort will er individuell behandelt werden."[17]

(14) Die Eltern Julie und Hermann Kafka. Über den Vater schreibt Kafka: „... er kennt keine andere Erprobung als die des Hungers, der Geldsorgen und vielleicht noch der Krankheit, erkennt, daß wir die ersteren, die zweifellos stark sind, noch nicht bestanden haben und leitet daraus das Recht ab, jedes freies Wort uns zu verbieten."

Daß Kafka darunter leidet, seine Individualität nicht ausleben zu können, steht außer Zweifel. Neben Franz Defregger, Hermann Sudermann, Thomas und Heinrich Mann und Max Oppenheimer sucht auch er im Jahr 1913 Zuflucht im Sanatorium Dr. Hartungen in Riva am Gardasee. Seine Zukunft jedoch wird zeigen, daß die Aufenthalte in solchen Heilanstalten, die vorwiegend Naturheilverfahren anwenden, nur zu vorübergehenden Erfolgen führen.

Als begeisterter Anhänger der Naturheilkunde hält Kafka nicht viel von der Schulmedizin. Er interessiert sich für den Anthroposophen Rudolf Steiner, der Kranke mit Farben anstatt mit Medikamenten zu heilen versucht und sie zu diesem Zweck in die Pinakothek schickt; er trägt auch im Winter nur

(15) Chotekpark mit dem Belvedere, dem Lustschloß der Königin Anna. Einer der Lieblingsspaziergänge Kafkas.

(16) Karlsplatz. Kafka kommt gern hierher, um zu lesen. „Das Wohlbehagen, mit dem ich gestern in den Chotekschen Anlagen und heute auf dem Karlsplatz ... gesessen bin."

Das Leben, das mich stört

(15)

(16)

einen leichten Überrock, um sich abzuhärten, was er durch verschiedene sportliche Übungen und eiskalte Waschungen, denen er sich ungeachtet seiner gefährdeten Gesundheit auch im Winter unterzieht, noch unterstützt. Er wünscht, die Kraft zu haben, selbst einen Naturheilverein zu gründen. Nach Fehldiagnosen an seiner Schwester und einem Dienstmädchen schimpft er: „Diese empörenden Ärzte! Geschäftlich entschlossen und in der Heilung so unwissend, daß sie, wenn jene geschäftliche Entschlossenheit sie verließe, wie Schuljungen vor den Krankenbetten stünden."[18] Durch diese Erfahrung in seiner Einstellung bestärkt, lehnt Kafka es jahrelang ab, sich ärztlichen Rat zu holen, so daß die Krankheitserscheinungen reichlich Zeit haben, Unsicherheit hervorzurufen. Unfähig, seine Lebensumstände zu akzeptieren, wehrlos gegenüber seiner inneren Zerrissenheit, ist Kafka der immer stärker werdenden seelischen Bedrängnis von Jahr zu Jahr mehr ausgeliefert. Im Frühjahr 1916 glaubt Kafka, die Büroarbeit nicht mehr aushalten zu können. Was er braucht, ist kein Mediziner, sondern ein möglichst langer Urlaub. Darunter versteht er – „der Beamte schämt sich, es zu sagen, der Kranke nicht – ein halbes oder ganzes Jahr", unbezahlt, da „es sich nicht um eine organische, zweifellos feststellbare Krankheit handelt."[19] Der Anstaltsdirektor hält dieses Gesuch offenbar für ein verrücktes Ansinnen und lehnt es ab. Einen letzten Ausweg, dem Büro wenigstens für eine Weile zu entkommen, sieht Kafka im Kriegsdienst, von dem er aus arbeitstechnischen Gründen befreit ist. Aber nicht einmal diesen Gefallen tut man ihm. Trotz Tauglichkeit bleibt er vom angestrebten Landsturmdienst weiter enthoben.

„Meine Verzweiflungsanfälle führen nicht aus dem Fenster, sondern ins Ordinationszimmer",[20] bekennt er im Herbst, was ihm einige Überwindung gekostet haben mag, aber der Arzt stellt lediglich eine außerordentliche Nervosität fest, die eine Dienstfreistellung nicht rechtfertigt.

Während also der Prager Jurist vergeblich versucht, aus seinem Büroalltag auszubrechen, ärgert sich in Wien gerade ein Lungenspezialist über seine Kollegen, die Symptome, wie sie Kafka beschreibt, viel zu wenig ernst nehmen. Es ist Dr. J. B. Andreatti, der in einer Streitschrift verbittert darlegt, daß nervöse Störungen als Hinweis auf eine gefährliche, durch die ungesunden Lebensbedingungen besonders der Stadtbevölkerung begünstigte Krankheit – die Tuberkulose – gar nicht oder viel zu spät erkannt werden. Seine Thesen sollten ihre tragische Bestätigung im Krankheitsverlauf des Dichters Franz Kafka finden.[21]

(17) Der Vater Max Brods mit Enkelkind.

(18) Oskar Baum; Zeichnung von Friedrich Feigl.

(19) Das Café Arco, Zentrum der Prager deutschen Literatur vor und nach dem Ersten Weltkrieg. Hier verkehren u.a. Franz Werfel, Max Brod, Alfred Fuchs, Johannes Urzidil und Franz Kafka, von Karl Kraus ironisch „Arconauten" genannt.

(20) Die besten Freunde Kafkas: Max Brod (1884–1968).

(21) Der Philosoph Felix Weltsch (1884–1964).

(22) Der blinde Schriftsteller Oskar Baum (1883–1941).

(19)

(20)   (21)   (22)

(23) Im linken Eckhaus am Ende der Brücke (Niklasstraße 36) wohnt Kafka von 1907 bis 1913. Hier entstehen u.a. das „Urteil" und „Die Verwandlung". Hier kommt es auch zu Selbstmordüberlegungen: „Ich bin lange am Fenster gestanden ... und es hätte mir öfters gepaßt, den Mauteinnehmer auf der Brücke durch meinen Sturz aufzuschrecken." Der „Mauteinnehmer" stand rechts an der Säule.

(24) Altstädter Ring mit dem Altstädter Rathaus. Rechts hinter der Kirche das Wohnhaus der Familie Kafka.

DAS LEBEN, DAS MICH STÖRT

(25) Die elterliche Wohnung am Altstädter Ring Nr. 6. Hier wohnt Kafka von 1913 bis 1914 und von 1918 bis 1924.

(26) Bilekgasse Nr. 10. Hier befindet sich die Wohnung der Schwester Valli, bei der Kafka im Februar und März 1915 wohnt.

(27) Die Nerudagasse in Prag-Weinberge (heute: polksa ulice). Im Haus Nr. 18 wohnt die Schwester Elli. Von September 1914 bis Januar 1915 arbeitet Kafka hier am „Prozeß" und an der „Strafkolonie".

1907–1913

(28)

(29)

(30)

Das Leben, das mich stört

(28) Niklasstraße mit der Altneusynagoge (hinter der Straßenlaterne).

(29) Innenansicht der Altneusynagoge.

(30) Das alte jüdische Rathaus und die Altneusynagoge (vorne links), eine der ältesten Synagogen Europas, in der Prager Josefstadt zwischen der Niklasstraße und der Maiselgasse.

(31) Pulverturm, durch dessen Tor man in die Zeltnergasse gelangt, in der die Familie Kafka von 1888 bis 1889 wohnt. Hier trifft sich Kafka nach Dienstschluß häufig mit Max Brod.

(32) Die Kleinseitner Brückentürme am Ende der Karlsbrücke.

(33) Annahof. In den Räumen des ehemaligen Annaklosters mit der ältesten Kirche Prags befindet sich die Hofbuchdruckerei und Hoflithographenanstalt A. Haase. Hier wird die „Bohemia" verlegt, in deren Redaktion Egon Erwin Kisch seine journalistische Laufbahn begonnen hat und Ludwig Winder arbeitet. Nach Kafkas Tod wohnt in diesem Gebäude Robert Klopstock bei F. Weil.

(34) Warenexpedition. *(35) Inserat der Firma Haase.*

Das Leben, das mich stört

(36) Atelier.

(37) Großer Werksetzsaal.

(38)

(39)

Das Leben, das mich stört

(38) Buchbinder bei der Arbeit.

(39) Großer Maschinensaal.

(40) Der Hradschin (Prager Burg).

(41) Der Daliborka-Turm am Hradschin, an dessen Innenseite die Alchimistengasse endet.

(42) Die Alchimistengasse (Goldmachergäßchen) auf dem Hradschin. Im Winter 1916/17 hat Ottla das Haus Nr. 22 (zweites links vorne) gemietet und es dem Bruder zur Verfügung gestellt, damit er ungestört schreiben könne. Hier entstehen die meisten seiner Erzählungen aus dem Band „Ein Landarzt".

(43)

Das Leben, das mich stört

(43) Franz Kafka (Herbst 1917/ Frühjahr 1918).

(44) Slavká Vondráčková. Textilkünstlerin, Freundin Milena Jesenskás.
Slavká Vondráčková sucht um 1916 mittels einer Zeitungsannonce einen deutschsprechenden Konversationspartner, der ihr „Kuchlböhmisch" korrigieren soll. Ein junger Mann meldet sich und verabredet sich mit ihr vor der Rathausuhr am Altstädter Ring. Erkennungszeichen: „grauer Ulster, Zeitungen in der Hand" – Franz Kafka.
Der Vater gibt ihr den Rat, das schwere Goldarmband der Mutter zu nehmen: „Er soll sehen, daß du aus einer besseren Familie bist, daß es sich um keinen raffinierten Flirt handelt, sondern um wirkliche Konversation." Während ihres Spazierganges ergibt sich ein ziemlich befangenes Gespräch über die Schule, das Wetter, die Kleinseite, letzten Endes auch über die Literatur, Kierkegaard, mit dem sich Kafka intensiv auseinandersetzt, kennt sie nicht, „Dostojewski ist um Gotteswillen so traurig", und Schiller und Goethe rezitieren („von der Stirne heiß/rinnen muß der Schweiß..."), das scheint ihr veraltet; man „wälzt" sich in Zola und Arzibaschew. Als sie zur Uhr zurückkehren, erscheinen gerade die Apostel. „Ankunft, Offenbarung – ein mieser Abgang", denkt Slavká, und dem Vater erzählt sie: „Ein ganz anständiger Mensch, sein Vater hat Kontor." „Scheinbar eine Geschäftsfamilie, das ist was Reelles", nickt er zufrieden und belehrt sie: „Fange nur nichts mit den Federfichsern und Poeten an – die taugen zu nichts."
„Sicher ein Kanzlist", meint sie ein klein wenig verachtend und zieht es vor, ihre Konversation mit einer Dame fortzusetzen, mit Gertrude Thieberger, der späteren Frau Johannes Urzidils.

(44)

(45)

(45) Das Altstädter Rathaus mit der Astronomischen Uhr und der Erkerkapelle.

1917 – Der Ausbruch der Tuberkulose

In der Nacht vom 18. zum 19. August 1917 gegen vier Uhr früh wacht Kafka mit „merkwürdig viel Speichel im Mund" und einem „Quellen in der Kehle" auf. Er spuckt aus – es ist ein Klumpen Blut.[1] Als das Dienstmädchen am nächsten Morgen die Spuren des Blutsturzes sieht, sagt es: „Herr Doktor, mit Ihnen dauert's nicht mehr lang."[2] Kafka hatte schon einige Tage vorher in der „Civilschwimmschule" Blut gespuckt, immer wieder „brachte (er) das Rot zustande, es lag ganz in (seinem) Belieben". Zuerst hatte er es „merkwürdig und interessant", zuletzt aber nur noch „langweilig" gefunden und vergessen.[3]

(46) Restaurant auf der Schützeninsel, von Kafka öfters besucht.

Nun rafft er sich doch auf, den Arzt zu besuchen. Dieser stellt eine akute Erkältung, einen Bronchialkatarrh, fest. Da sich das Blutspucken in der kommenden Nacht wiederholt und Kafka zu husten beginnt, drängt ihn sein Freund Max Brod, einen Spezialisten aufzusuchen. Prof. Dr. Friedel Pick bestätigt am 4. September, was Dr. Mühlstein einen Tag vorher aufgrund von Röntgenaufnahmen befürchtet hat: Lungenspitzenkatarrh – der Beginn einer Ausweglosigkeit, die Kafka trotz all seiner hypochondrischen Koketterie mit der Krankheit nicht ernst nehmen will. Er weiß natürlich, daß die Diagnose nichts anderes als Tuberkulose bedeutet – „Lungenspitzenkatarrh (das ist das Wort, so wie wenn man jemandem Ferkelchen sagt, wenn man Sau meint)"[4] – aber halb Europa hat kranke Lungen. Warum sollte ausgerechnet er zur anderen Hälfte gehören?

Kafka empfindet „die schon seit Jahren mit Kopfschmerzen und Schlaflosigkeit angelockte Krankheit"[5] fast als eine Erleichterung. Einerseits sieht er in ihr eine Möglichkeit, endgültig von der Büroarbeit befreit zu werden – seine Hoffnung

Das Leben, das mich stört

(47) Die Sophieninsel. Kafka kommt oft hierher, um Tennis zu spielen.

(48) Die Moldauinseln, links die Sophieninsel.

(49) Die Civilschwimmschule an der Moldau. Hier spuckt Kafka im August 1917 zum ersten Mal Blut. Noch in seinen letzten Tagen erinnert sich Kafka gern an die Besuche der Badeanstalt: „Als kleiner Junge, als ich noch nicht schwimmen konnte, ging ich manchmal mit dem Vater, der auch nicht schwimmen kann, in die Nichtschwimmerabteilung. Dann saßen wir nackt beim Buffet, jeder mit einer Wurst und einem halben Liter Bier zusammen. Gewöhnlich brachte der Vater die Wurst mit, weil sie auf der Schwimmschule zu teuer war . . ." Der Vater, „der ungeheure Mann", mußte ihn, das kleine ängstliche „Knochenbündel", an der Hand aus der Kabine ziehen, weil er sich schämte.

auf eine Frühpensionierung erfüllt sich allerdings vorläufig nicht –, andererseits scheint er nun einen willkommenen Anlaß zu haben, die Bindung an Felice Bauer zu lösen. Er kennt die Berliner Prokuristin nun seit fünf Jahren, ist mit ihr bereits zum zweiten Mal verlobt, aber die Zweifel an der Richtigkeit dieses Schrittes lassen ihn nicht los. Nachdem er alle Vor- und Nachteile einer Ehe einander gegenübergestellt hat, ist er zu der Überzeugung gelangt, daß es für ihn unmöglich sei, mit jemandem zu leben. „Was ich geleistet habe, ist nur ein Erfolg des Alleinseins",[6] resümiert er. Der Gedanke, daß seine Braut durch seine Schuld „ein Äußerstes an Unglück"[7] zu tragen habe, quält ihn gleichermaßen wie die Vorstellung, sein Leben mit ihr teilen zu müssen. Ich „bin gänzlich gefühllos, ebenso hilflos",[8] bekennt er. Er möchte der ewigen „Folge der Berechnungen"[9] in die er Vergleiche mit den Schicksalen Grillparzers, Flauberts und Kierkegaards einbezieht, ein Ende setzen, sein Eheversprechen abermals zurücknehmen, ohne sich schuldig fühlen zu müssen. Er möchte „allen wohlgefällig" sein, die ihm „innewohnenden Gemeinheiten offen, vor aller Augen" ausführen dürfen, „ohne die allgemeine Liebe zu verlieren", er möchte „betrügen, allerdings ohne Betrug".[10] Bietet sich die Krankheit als Rechtfertigung dafür nicht geradezu an? Und ist es nicht ein Fingerzeig des Schicksals, daß sie gerade zu einem Zeitpunkt ausbricht, da er sich endgültig auf eine Trennung von Felice vorbereitet?

(50) Karlsbrücke. Kafka besitzt ein kleines Boot und liebt es, damit auf der Moldau zu fahren.

„Zurück zur Natur" als Selbsttherapie

Brod rät seinem Freund zu einem Aufenthalt in einem Lungenheilsanatorium, aber Kafka will davon nichts wissen. Er zieht es vor, seinen Erholungsurlaub bei seiner Lieblingsschwester Ottla zu verbringen, die das kleine Gut ihres Schwagers Karl Hermann in Zürau zu bewirtschaften versucht – für den Vater eine ebenso absurde Idee wie die Schriftstellerei des eigenwilligen Sohnes. Brod zwingt Kafka dazu, vorher nochmals Prof. Pick aufzusuchen, weil er hofft, dieser werde seine Einwände gegen den Aufenthalt in Zürau unterstützen, „man soll gleich das Beste machen",[11] meint er, aber der Arzt hat vorläufig keine Bedenken. Also fährt Kafka, nicht ohne die Freunde gebeten zu haben, den Eltern den wahren Grund seines Urlaubes nicht zu verraten, um sie nicht zu ängstigen, am 12. September nach Zürau. Er fühlt sich bei Ottla überaus wohl, die ihn „förmlich auf ihren Flügeln durch die schwierige Welt" trägt, lebt mit ihr

(51) Schönborn-Palais unterhalb des Hradschin (Marktgasse 15). Hier wohnt Kafka von März bis Ende August 1917. Nach dem Blutsturz, der den Beginn der Tuberkulose ankündigt, scheint es Kafka ratsam, wieder in die elterliche Wohnung am Altstädter Ring einzuziehen. „Die Fenster im Palais zum letzten Mal geschlossen, die Tür abgesperrt, wie ähnlich das dem Sterben sein muß."

(52) Portal des Schönborn-Palais.

(53) Gartenfront des Schönborn-Palais.

Das Leben, das mich stört

(51)

(52)

(53)

wie „in (einer) kleinen guten Ehe", berichtet er Max. „Es ist möglich, daß ich anderswo mehr im Freien liegen würde, stärkere Luft hätte u. dgl., aber – und das ist für meinen Nervenzustand und dieser für meine Lungen sehr wesentlich – ich würde mich nirgends so wohl befinden, nirgends so wenig Ablenkung (haben), … nirgends mit weniger Trotz, Galle, Ungeduld die Haus- und Holzwirtschaft ertragen als hier."[12] Soweit es sein körperlicher Zustand und seine Geschicklichkeit zulassen, hilft er bei der Arbeit. Er hackt Holz, pflückt Hagebutten, sammelt Kartoffeln, füttert die Ziegen – und geht im Wald spazieren. Er beneidet die Bauern als die „wirklichen Erdenbürger", in seinen Augen „Edelmänner, die sich in die Landwirtschaft gerettet haben, wo sie ihre Arbeit so weise und demütig eingerichtet haben, daß sie sich lückenlos ins Ganze fügt und sie von jeder Schwankung und Seekrankheit bewahrt werden, bis zu ihrem seeligen Sterben." Es gebe „kein behaglicheres und vor allem kein freieres Leben als auf dem Dorf, frei im geistigen Sinn, möglichst wenig bedrückt von Um- und Vorwelt", schreibt er Anfang Oktober an Felix Weltsch. „Ich wünsche mir, so wie ich jetzt bin, nichts Besseres." Er hat sich „gesundheitlich kaum jemals wohler gefühlt" als jetzt, obwohl er „bürgerlich gewiß nicht gesund" ist.[13]

Die Weihnachtsfeiertage verbringt Kafka in Prag, wo ihn Felice besucht, um sich endlich Klarheit über Kafkas Verhältnis zu ihr zu verschaffen. Er hat inzwischen innerlich so viel Kraft gesammelt, daß er sich am 25. Dezember entschließt, sich endgültig von ihr zu trennen. In diesen Tagen gibt er auch seine stille Teilhaberschaft an einer Asbestfabrik in einem Prager Außenbezirk auf und versucht noch einmal, seine Pensionierung zu erreichen, was ihm nicht gelingt; stattdessen wird sein Erholungsurlaub bis Ende April 1918 verlängert, so daß er wieder zurück nach Zürau fahren kann. Damit erfüllt sich sein sehnlicher Wunsch, „wenigstens noch für die nächste Zeit dem Bureau"[14] zu entgehen. Da nimmt er lieber die Mäuse in Kauf, die mit Einbruch der Kälte ihr Unwesen in seinem Zimmer treiben, bevor er sich, an einen sturen Zeitplan gebunden, zu seinen Akten setzt: „Was für ein schreckliches stummes lärmendes Volk das ist … Auf die Kohlenkiste hinauf, von der Kohlenkiste hinunter, die Diagonale des Zimmers abgelaufen, Kreise gezogen, am Holz genagt, im Ruhen leise gepfiffen und dabei immer das Gefühl der Stille, der heimlichen Arbeit eines gedrückten proletarischen Volkes, dem die Nacht gehört", schildert er in einem Brief an Felix das für ihn so schreckliche Erlebnis. „Ich war gänzlich hilflos, nirgends in meinem ganzen Wesen ein Halt. Alles ist mir heute verdorben, selbst der gute

(54) *Kafka mit Ottla.*

(55) *Die Arbeiter-Unfall-Versicherungs-Anstalt auf dem Pořič Nr. 7. „Ich glaube, ich komme endgültig nur im Galopp der Tuberkulose aus der Anstalt hinaus", schreibt Kafka am 7. 9. 1917 an seine Schwester Ottla.*

(56) *Zürau, Kreis Podersam, Nordwestböhmen, Ortseingang. Anstatt den Rat Max Brods zu befolgen, ein Sanatorium zu besuchen, fährt Kafka zu Ottla nach Zürau, die sich hier als Landwirtin versucht, und bleibt fast acht Monate dort.*

(57) *Gesamtansicht Züraus.*

(56)

(57)

dumpfe Geruch und der Geschmack des Hausbrotes ist mäusig." Dieses „Grauen der Welt"[15] läßt ihn nicht los – später wird es sich zu einer seiner versöhnlichsten Erzählungen gestalten.

„Ich bin geistig krank"

Im Mai 1918 tritt Kafka wieder seine Arbeit an, aber die Erholung aus Zürau hält nicht lange vor. „Die körperliche Krankheit ist hier nur ein Aus-den-Ufern-Treten der geistigen Krankheit; will man sie nun wieder in die Ufer zurückdrängen, wehrt sich natürlich der Kopf, er hat ja eben in seiner Not die Lungenkrankheit ausgeworfen und nun will man sie ihm wieder aufdrängen, und zwar gerade in einem Augenblick, wo er die größte Lust hat, noch andere Krankheiten auszuwerfen... Früher hatte ich immer die dumme Meinung, daß ich mich bei einer einzelnen Gelegenheit aus diesem oder jenem zufälligen Grunde nicht ordentlich habe erholen können, jetzt weiß ich, daß ich diesen Gegengrund immer in mir herumtrage", resigniert er. „So bleibt es also beim Alten".[16] Im September fährt er ein paar Tage nach Turnau, um die letzten Spätsommertage auf dem Land zu genießen.

(58) Im September 1918 fährt Kafka einige Tage nach Turnau (Nordböhmen). „Die Wälder sind sehr schön, . . . überall schöne aufmunternde Ausblicke", berichtet er Felix Weltsch. „Noch ein Vorteil Turnaus: ausgezeichnete Äpfel und Birnen." Die Betonung dieses Vorzuges ist in den kriegsbedingten Notzeiten verständlich. Weiters schreibt er: „Ein Gewinn des Sommers, Felix; ich werde niemals mehr in ein Sanatorium gehn. Jetzt, wo ich wirklich krank zu werden anfange, werde ich nicht mehr in ein Sanatorium gehn."

Gegen Ende des Krieges erkrankt er an der Spanischen Grippe, die in der schlecht ernährten und hygienisch unzureichend betreuten Bevölkerung zahlreiche Todesopfer fordert. Nach einigen Wochen Krankenstand schlägt der Hausarzt Dr. Kral eine Nachbehandlung auf dem Land vor. Am 30. November 1918 begibt sich Kafka nach Schelesen bei Liboch, wo er, mit kurzen Unterbrechungen in Prag, bis Ende März 1919 bleibt. Er wohnt in der Pension Stüdl und fühlt sich dort beinahe so wohl wie in Zürau. Dies liegt nicht allein an der schönen Gegend und an der freundlichen Atmosphäre, die ihn umgibt, sondern gewiß auch daran, daß er sich wieder verliebt hat.

Gegenstand seiner Zuneigung ist Julie Wohryzek, die nicht mehr ganz junge Tochter eines Prager Flickschusters und Synagogendieners; sie betreibt einen kleinen Modesalon. Ihre Begegnungen sind ein einziges Lachen: „Grob gerechnet habe ich in den letzten fünf Jahren nicht soviel gelacht wie in den letzten Wochen",[17] schreibt er an Max. Und doch hat diese Ausgelassenheit etwas Komödienhaftes an sich – eine beschämende, quälende Angelegenheit für Kafka, dem bewußt wird, daß er seine gescheiterten Heiratsversuche mit Felice, die sich gerade mit einem Berliner Geschäftsmann vermählt hat, noch

(59) Am 28. Oktober 1918 wird in Prag die Tschechoslowakische Republik ausgerufen. Aus diesem Anlaß wird eine Jux-Kondolenzkarte mit folgendem Text verbreitet:
Mit großer Freude geben wir allen Bürgern der tschechoslo-

Das Leben, das mich stört

wakischen Republik Nachricht, daß es der Gerechtigkeit in der Welt gefallen hat, zum Kummer all unserer Freunderl, das von allen Völkern gehaßte Reich Österreich-Ungarn zu sich zu rufen.
Es hauchte zuletzt seine ruchlose Seele mit der Proklamation unserer Republik am 28. Oktober 1918 nach 300jähriger Qual unseres tschechischen Volkes aus. Die Beerdigung fand in feierlicher Weise am selben Tag statt, wobei alle Zeichen und Adler, die sich ihres verblichenen Ruhmes erinnern, entfernt wurden.
Die jubelnden Hinterbliebenen.
Prag, am 28. Oktober 1918.
Beileidsbezeugungen werden mit Dank abgelehnt.

(60) Jiří Mordechai Langer, Bruder des tschechischen Dramatikers František Langer, als Schlittschuhläufer. Kafka lernt ihn durch Max Brod kennen. Zu dritt besuchen sie einen ostjüdischen, aus seiner Heimat vertriebenen Wunderrabbi, der sie auf den Belzer Rabbi aufmerksam macht. Im Frühsommer 1917 hat Kafka begonnen, im Selbststudium Hebräisch zu lernen. Etwa im Herbst 1918 läßt er sich von Jiří Langer und später von dem literarisch sehr aufgeschlossenen Gymnasiallehrer Friedrich Thieberger unterrichten.

(61) Tomas Garrigue Masaryk. Vorkämpfer für die Begründung eines tschechischen Staates, Herausgeber der Zeitung „ČAS", erster Staatspräsident der tschechischen Republik seit November 1918.

(59)

(61)

(60)

(62) Schloßweg. Kafka liebt es ganz besonders, vom Schloß hinunter in die Stadt zu gehen.

(63) Schloß Liboch an der Elbe.

(64) Schloßpark in Liboch.

nicht überwunden hat. Die erste schlaflose Nacht seit einem Jahr ist drohende Warnung dafür, daß sich die Kämpfe der Vergangenheit wiederholen könnten. Er versucht, Julie auszuweichen, und als sie, vier Wochen früher als er, Schelesen verläßt, glaubt er, von einem Gefühlsausbruch ohne tiefere Bedeutung befreit zu sein. Aber darin täuscht er sich. Als er Julie in Prag wiedersieht, fliegen sie einander zu „wie gejagt".[18] Schließlich gelangt er zu der Überzeugung, daß diesmal die Voraussetzungen für das Wagnis einer Ehe günstiger seien und trifft alle Vorbereitungen dazu, schon aus Opposition gegen den Vater, der einen Bordellbesuch für ehrenhafter hält als die unstandesgemäße Verbindung mit Julie. Wie tief Unsicherheit und Angst vor der Ehe im Unterbewußtsein Kafkas verankert sind, stellt sich auch hier sehr bald heraus. Als er, zwei Tage vor der im November 1919 geplanten Trauung, erfährt, daß er die bereits zugesicherte Wohnung doch nicht bekommen wird, deutet er dies als schlechtes Vorzeichen: „ ... was bisher von Ferne gewarnt hatte, donnerte mir jetzt wirklich Tag und Nacht ins Ohr." Wieder muß er sich sein Versagen eingestehen, auch wenn er „ruhiger als sonst" gewesen war, „so als ob eine große Entwicklung vor sich ginge, deren fernes Zittern" er spürte.[19]

(65) Rieger-Denkmal im Rieger-Park in Prag, in dem Kafka öfters mit seiner zweiten Braut Julie Wohryzek spazierengeht.

(66) Pension „Stüdl" in Schelesen bei Liboch. Kafka wohnt hier im Winter 1918/19 und lernt Julie Wohryzek aus Prag und Minze Eisner aus Teplitz kennen.

Nach diesem dritten gescheiterten Heiratsversuch fährt er wieder für einige Tage nach Schelesen, um mit sich ins Reine zu kommen. Verzweifelt sucht er nach einer Rechtfertigung für sich, die er in dem 108 Seiten langen „Brief an den Vater" niederschreibt, ohne ihn, wie beabsichtigt, dem Empfänger zu übergeben. Dieser Brief ist mehr als die Beschreibung seines inneren Kampfes mit dem Vater; er ist ein Versuch, durch die Auseinandersetzung mit seiner zwiespältigen Einstellung zur Gemeinschaft und zum Judentum, die in engem Zusammenhang mit den Einflüssen der väterlichen Erziehung steht, eine Deutung der Geschehnisse zu finden, die ihn von seinen Schuldgefühlen entlasten und ihm ein geistiges Bestehen vor sich selbst ermöglichen könnte.

Während dieses Aufenthaltes in Schelesen lernt er Minze Eisner aus Teplitz kennen, ein junges Mädchen, das nach dem Tod seines geliebten Vaters ein unstetes Leben begonnen hat und das sich nun vertrauensvoll an Kafka wendet. Abgelenkt von seinen eigenen Konflikten, genießt er es offensichtlich, sie als verständnisvoller väterlicher Freund zu trösten, ihr Selbstbewußtsein zu stärken und sie bei ihren Bemühungen um Unabhängigkeit von der Mutter zu unterstützen. Er, der selbst so wenig Talent dazu hat, fordert von ihr, „sich der Zukunft in Arbeit zu ergeben und alle Besserung in Wirken und Leistungen zu erhoffen."[20] Unter seinem Einfluß gelingt es ihr schließ-

(67) Minze Eisner. Über sie schreibt Kafka an Ottla: „An und für sich gefällt sie mir gar nicht, hat auch alle Hysterie einer unglücklichen Jugend, aber ist doch ausgezeichnet, offenbar sind sie alle ausgezeichnet, sei froh, daß Du ein Mädchen bist."

(68) Das pomologische Institut in Klosterneuburg in der Nähe Wiens. Kafka bemüht sich, für Ottla eine geeignete Gartenbauschule zu finden: „Ich habe ein wenig herumgeschrieben und herumgefragt und besitze vorläufig folgendes", schreibt er an Ottla, „Prospekte der Gartenbauschulen Eisgrub und Klosterneuburg (letztere ist jedenfalls die bessere, man kann dort ungeheuer viel erlernen und kann es in beliebig kurzer Zeit und Auswahl, indem man nur als Hospitant mittut . . .)".

(69) Höhere Obst- und Gartenbauschule in Eisgrub. Im Jahrgang 1919 studiert hier Josef Afritsch, später österreichischer Innenminister.

(70) Gegenüber der Schule befindet sich das „Fürst Liechtenstein Pflanzenzüchtungsinstitut Mendeleum", das nach dem Brünner Vererbungsforscher und Entdecker der der „Mendelschen Gesetze" Pater Gregor Mendel benannt ist.
Ottla entscheidet sich allerdings für Friedland. Als Referatsthema empfiehlt Kafka ihr u.a. „Mädchen unter Jungen" unter Bezugnahme auf die Friedländer Schule. „Die sehr persönlichen Themen sind gewiß die verdienstvollsten, schon weil sie die ergiebigsten und kühnsten sind", meint er. Sie verlangen ein „fast übermenschliches Maß an Zartheit, Bescheidenheit und Sachlichkeit . . ."

lich, sich Anfang 1921 in einer Handelsgärtnerei selbständig zu machen. Sie schreiben einander bis zu ihrer Heirat im Frühjahr 1923, die er – ein anscheinend für ihn unerreichbares Ziel – als das „allernatürlichste, allervernünftigste allerselbstverständlichste auf der Welt" bezeichnet.[21]

Geschwächt von den seelischen Krisen, ist Kafkas von Tuberkelbazillen längst verseuchter Körper im Winter besonders anfällig, so daß er sich bald nach seiner Rückkehr aus Schelesen so erkältet, daß ihm der Arzt von einer geplanten Reise nach München, auf die er Julie mitnehmen wollte, dringend abrät. Auf Grund seines Gesamtzustandes legt er ihm nahe, eine Heilanstalt aufzusuchen. Kafka überlegt so lange, bis er im Frühjahr 1920 abermals krank wird. Er „hat zartes Fieber nach alter nicht mehr abzugewöhnender Gewohnheit, kein eigentliches Kranksein, aber allerdings auch kein Gesundsein." Jedenfalls glaubt er, „weder Sanatorium noch ärztliche Behandlung" zu brauchen, „im Gegenteil, beides schadet eher, sondern nur Sonne, Luft, Land, vegetarisches Essen."[22] Schließlich sieht er aber doch ein, daß sein „Zustand . . . eigentlich nicht viel Verzögerung (duldet)"[23] und es vielleicht sogar gut wäre, wenn er die kalte Zeit in einem Sanatorium verbrächte. Er ist wie immer unentschlossen, wohin er fahren soll. „Mein Kopf hat, glaube ich, den Norden lieber, meine Lunge den Süden. Da aber gewöhnlich die Lunge sich opfert, wenn es dem Kopf zu arg wird, so hat allmählich auch der Kopf aus einer Art Erkenntlichkeit Verlangen nach Süden bekommen",[24] schreibt er an Minze Eisner. Die Nachricht von einer Fremdensperre in Bayern nimmt ihm die Entscheidung ab.

Nachdem man sein Ansuchen um einen Krankenurlaub vom 26. Februar bewilligt hat, fährt Kafka am 1. April 1920 nach Meran, natürlich nicht in ein Sanatorium; entgegen aller Vernunft quartiert er sich im Hotel „Emma", einem der besten und teuersten Häuser, ein. Sehr schnell wird ihm klar, daß er sich nach einer billigeren Unterkunft umsehen muß. Nach langen „Qualen des Suchens" entscheidet er sich für die Pension „Ottoburg" in Untermais bei Meran, die von einer „fröhlichen, sehr dick- und rotbackigen Frau" geführt wird, die sich sehr für seinen Vegetarismus interessiert, dabei aber „völligen Mangel vegetarischer Phantasie" zeigt.[25] Er ist mit seinem Zimmer zufrieden. „. . . der Balkon gestattet alle Nacktheit", das Essen ist ihm viel zu reichlich – alles in allem eine wunderbare Pension, eingerahmt von blühenden Sträuchern. Während in Prag beinahe die Pfützen gefrieren, öffnen sich vor seinem Balkon die Blüten. Er findet es fast märchenhaft schön, „mehr Sorgfalt könnte der sterbliche Leib kaum ertragen". Allerdings ist die

(71) Schloß Friedland in Böhmen. (Früher im Besitz Wallensteins.) Kafka kennt Friedland von seinen Dienstreisen (1911 hatte er die Feintuch-Fabriken von Wilhelm Siegmund zu kontrollieren.) Das Schloß ist eines der Vorbilder für den „Schloß"-Roman.

(72) Meran, wo Kafka das Frühjahr 1920 verbringt.

(73) Hotel „Emma" in Meran. In den ersten Tagen seines Meraner Aufenthaltes quartiert sich Kafka hier ein.

(72)

(73)

quälende Schlaflosigkeit, die eine Zeitlang fast verschwunden war, „wieder abscheulich ausgebrochen", so daß eine wesentliche Besserung seines Befindens dadurch beeinträchtigt wird; daran ändert auch die Gewichtszunahme nichts.

Dr. Kohn, „ein guter teilnehmender Arzt", befürwortet Kafkas Überlegungen, seinen regulären fünfwöchigen Urlaub an den Ende Mai ablaufenden Erholungsurlaub anzuschließen, damit die Kur ohne Unterbrechung fortgesetzt werden kann. Da der Anstaltsarzt ursprünglich eine dreimonatige Kur empfohlen hatte, hat die Direktion der Versicherungsanstalt keine Einwände. Kafka erholt sich einigermaßen, der Arzt „findet die Lunge sogar ausgezeichnet, d. h. er findet dort fast nichts Störendes".[26] Aber als sich Kafka Ende Juni in seinem Schrankspiegel betrachtet, stellt er fest, daß sich nichts geändert hat: er sieht genau so schlecht aus wie früher. Am 28. Juni schreibt er an Ottla: „(Ich) finde mich noch sehr ähnlich. Ich fürchte mich nicht wenig, man wird sagen, in Schelesen in 14 Tagen hätte ich das auch erreichen können."[27]

Die erhoffte Besserung hat sich also auch in Meran nicht eingestellt. Aber Gedanken an seinen Gesundheitszustand sind jetzt zweitrangig; was ihn viel mehr beschäftigt, ist eine Frau, die ihn mit Briefen von seltsamer Anteilnahme an seinem Leben und – was vielleicht noch mehr zählt – an seiner literarischen Arbeit überrascht hat. Felice mit ihrer kleinbürgerlichen Vorstellung von einem geordneten Hausfrauendasein – geheiztes Zimmer, reichliches Essen, genügend Schlaf und eine genau gehende Uhr –, Felice, das bewunderte und zugleich bemitleidete strenge Mittelmaß, hatte sich für sein Schreiben kaum interessiert.[28] Und Julie, die ihm trotz der nicht zustande gekommenen Hochzeit treu ist, Julie, eine unerschöpfliche Quelle an frechsten Jargonausdrücken und „im ganzen sehr unwissend", ist verliebt ins Kino und in Operetten, in Puder und Schleier, aber nicht in seine Texte.[29] Und nun ist da jemand, der ihn bittet, seine Erzählungen ins Tschechische übersetzen zu dürfen! Er hat diese Frau vor wenigen Wochen flüchtig im Prager Künstlercafé „Arco" in Gesellschaft gemeinsamer Bekannter kennengelernt, aber kaum eine Erinnerung an sie behalten. Aber ihr Kurzbesuch in Meran hat einen starken Eindruck hinterlassen, so stark, daß er beschließt, seine Heimreise, die er am 29. Juni antritt, für einige Tage in Wien zu unterbrechen, um sie dort zu treffen.

(74) Inserat der Bäckerei „Holzgethan" im „Meranführer" (1914). Kafka ist sehr erstaunt, als er auf dem Ladentisch der Bäckerei einige Hefte der „Selbstwehr" liegen sieht, die sich ein junger Mann von der Besitzerin ausleiht, und wundert sich über die Verbreitung dieser Zeitschrift. Zu spät erfährt er, daß es sich um seine eigenen Exemplare handelt, die er seinem Arzt geliehen und die dieser hier vergessen hat.

(75) Pension „Ottoburg" in Meran-Untermais. Kafka übersiedelt hierher, weil das Hotel „Emma" zu teuer ist.

(76) Sportplatz in Untermais (um 1906).

(77) Meraner Bahnhofsplatz. Während Kafkas Aufenthalt in Meran-Untermais findet am 9. Mai 1920 die große Autonomieversammlung statt.

Das Leben, das mich stört

(75)

(76)

(77)

MILENA

Milena Jesenská, verkrachte Medizinstudentin mit bewegter Vergangenheit, rauschgiftsüchtig, und nun auf dem besten Weg, sich als Journalistin selbständig zu machen, ist unglücklich mit dem Prager Weiberhelden Ernst Polak verheiratet. Seit 1918 wohnt sie mit ihm in Wien, wo er als „Hauptattraktion" des „Herrenhof" gilt, des Stammcafés von Franz Werfel, Gina und Otto Kaus, Hermann Broch, Franz Blei, Jakob Moreno-Levy und Otto Gross, den Anton Kuh als „Champion der literarischen Bestohlenheit" bezeichnet. Polaks „Berühmtheit datiert daher, daß er mit allen Berühmtheiten Prags... schon einige Nächte durchgesoffen hat", daß er die Tochter des bekannten Prager Universitätsprofessors Jan Jesensky – eben Milena – entführt und geheiratet hat, und daß er seine Wohnung zum Leidwesen seiner Frau jedem zur Verfügung stellt, der gerade eine Absteige sucht, berichtet Emil Szittya. Was Polak sympathisch macht, ist die Tatsache, daß er der einzige in diesem Kreis ist, der weder dichtet noch malt: „Seine einzige künstlerische Betätigung besteht darin, daß man von ihm das Kokainnehmen lernen kann." Ein „fast vernünftiger Bankbeamter", den jedermann anpumpen kann, nur Milena nicht.[30] Sie muß dankbar sein für die Zuwendungen, mit denen ihr Kafka, dessen Besuch in Wien sich zu einer stürmischen Liebesbeziehung entwickelt, in ihrer chaotischen finanziellen Lage hilft. Kafka ist glücklich; während des viertägigen Beisammenseins läßt ihn Milena alles Leid vergessen. „Es war nicht die geringste Anstrengung nötig, alles war einfach und klar, ich habe ihn über die Hügel hinter Wien geschleppt, ich bin vorausgelaufen, da er langsam gegangen ist, er ist hinter mir hergestapft, und wenn ich die Augen schließe, sehe ich noch sein weißes Hemd und den abgebrannten Hals und wie er sich anstrengt. Er ist den ganzen Tag gelaufen, hinauf, hinunter, er ist in der Sonne gegangen, nicht ein einziges Mal hat er gehustet, er hat schrecklich viel gegessen und wie ein Dudelsack geschlafen, er war einfach gesund, und seine Krankheit war uns in diesen Tagen etwas wie eine kleine Erkältung", berichtet Milena später Max Brod.[31] Sie ist verliebt in sein „ehrliches, männliches Gesicht" mit den „ruhigen Augen, die einen so direkt anschauen"[32] und zutiefst beeindruckt von seinem „ans Wunderbare grenzenden Feingefühl und (seiner) geistigen Lauterkeit, die bis zum Grauenerregen kompromißlos" ist.[33]

Kafka ist seit dem 5. Juli wieder im Büro, aber es fällt ihm schwerer denn je, sich auf seine Arbeit zu konzentrieren. Verträumt sitzt er an seinem Schreibtisch, zeichnet Strichmänn-

(78) Autobus zum Südbahnhof in Wien.

(79) Während Kafka die Tage in Wien mit Milena „genießt", stellen sich die Menschen vor den Geschäften um rationierte Lebensmittel an.

(80) Wienerwald. Blick vom Kobenzl. Während eines Ausfluges in die Umgebung Wiens mit Milena fühlt sich Kafka vollkommen gesund.

(81) Wiener Südbahnhof. Hier kommt Kafka an, als er auf seiner Rückreise in Wien Zwischenstation macht, um Milena zu besuchen. Er steigt im Hotel Riva ab, das gegenüber dem Bahnhof liegt (Wiedner Gürtel 34).

(82) Der Graben in Wien. In einer Seitengasse (Dorotheergasse 3) befindet sich das Graben-Hotel, in dem Max Brod öfters nächtigt. Peter Altenberg bewohnte hier ein Zimmer.

(81)

(82)

chen und wartet auf die Briefe Milenas. Gleichzeitig versucht er, sein schlechtes Gewissen Julie gegenüber zu beruhigen, indem er ihr erlaubt, seiner Wiener Freundin zu schreiben, in der Hoffnung, alles werde „im Stillen und Guten" verlaufen.³⁴ Mitte August eilt er für eine Nacht nach Gmünd, der österreichisch-tschechischen Grenzstation, um Milena wiederzusehen, aber er kehrt mit dem beschämenden Gefühl zurück, etwas „schlecht gemacht" zu haben. Er möchte ihr in einem Brief das „Unsagbare, Unschreibbare" begreiflich machen und kann sich doch nur zu dem Geständnis durchringen, daß ihm manchmal zumute ist, als würden ihn „Bleigewichte … ins tiefste Meer hinunterziehen."³⁵

Da der Urlaub in Meran keine Besserung gebracht hat und sich Kafkas Gesundheitszustand weiter verschlechtert, sieht er sich gezwungen, wiederholt den Arzt aufzusuchen, der zu einem Aufenthalt in einem Sanatorium drängt. Er schlägt Grimmenstein oder Wienerwald in Niederösterreich vor, aber Kafka wehrt sich immer noch dagegen: „Das sind ausschließliche Lungenheilanstalten, Häuser, die in ihrer Gänze Tag und Nacht husten und fiebern, wo man Fleisch essen muß, wo einem gewesene Henker die Arme auskegeln, wenn man sich gegen Injektionen wehrt, und wo bartstreichende jüdische Ärzte zusehn, hart gegen Jud wie Christ." Was soll er in solch einer Heilstätte, fragt er sich: „Vom Chefarzt zwischen die Knie genommen werden und an den Fleischklumpen würgen, die er mir mit den Karbolfingern in den Mund stopft und dann entlang der Gurgel hinunterdrückt."?³⁶

Am 14. Oktober konstatiert der Anstaltsarzt Dr. Kodym eine Infiltration beider Lungenflügel. Die besorgte Schwester Ottla hat inzwischen die Initiative ergriffen und gegen den Willen des Bruders um einen neuerlichen Kuraufenthalt eingereicht, der aufgrund des ärztlichen Gutachtens bewilligt wird. Diesmal bleibt Kafka nichts anderes übrig, als sich dem Willen des Arztes zu fügen.³⁷

Obwohl Milena nach den Begegnungen mit Kafka längst ahnt, daß ihre gegensätzlichen Naturen ein unüberwindbares Hindernis ihrer Beziehung darstellen (wie könnte ihren leidenschaftlichen Ansprüchen auch ein Mann genügen, der im Koitus eine „Bestrafung" des glücklichen „Beisammenseins"³⁸ sieht, der sich einerseits unwiderstehlich von Dirnen angezogen fühlt und andererseits Abscheu vor nacktem Fleisch hat), möchte sie ihn doch noch einmal sehen, bevor er in ein Sanatorium fährt. Sie bittet ihn, nach Wien zu kommen, aber er, der sich bewußt ist, wieder einmal in der Beziehung zu einer Frau versagt zu haben, versucht verzweifelt, weitere Zusammen-

(83) Milena Jesenská.

(84) Milena mit der Opernsängerin Valoušková.

(85) Stadtpark mit Kursalon.

Das Leben, das mich stört

(86) *Die Secession, 1898 von Josef Maria Olbrich erbautes Kunstausstellungsgebäude, am Beginn des Wiener Naschmarktes.*

(87) *Am Donaukanal.*

(88) *Der Gürtel in der Nähe des Wiener Westbahnhofes. Die Lerchenfelder Straße, in der Milena wohnt, ist eine Seitenstraße des Gürtels.*

künfte zu verhindern. Er ist überzeugt davon, daß sie sich seinetwegen niemals von ihrem Mann trennen würde und daß sie „niemals zusammenleben werden, in gemeinsamer Wohnung, Körper an Körper, bei gemeinsamem Tisch, niemals, nicht einmal in der gleichen Stadt."³⁹ Wozu sollte er das aussichtslose Verhältnis fortsetzen, sich weiter quälen? „Ich habe nicht die Kraft zu fahren; die Vorstellung, daß ich vor Dir stünde, kann ich im voraus nicht ertragen, den Druck im Gehirn ertrage ich nicht. Schon Dein Brief ist unaufhaltbare, grenzenlose Enttäuschung durch mich ... Du schreibst, Du habest keine Hoffnung, vollständig von mir gehen zu können. Ich kann Dir und niemandem begreiflich machen, wie es in mir ist."⁴⁰

Er beschwört sie, nicht mehr zu schreiben, die Briefe vergrößern nur seine Qual. „Sie helfen zu nichts, als einen Tag Gmünd hervorzubringen, als Mißverständnisse, Schande, fast unvergängliche Schande hervorzubringen." Aber Milena will nicht abgewiesen werden, setzt ihre Freundinnen und Kolleginnen als Vermittlerinnen ein mit der Bitte: „Helft!" Die Briefe fliegen nur so herum – anonyme, nicht-anonyme, sogar an Max Brod wendet sie sich, aber Kafka bleibt hart. Alles ist gesagt. „Dieser Krug war schon zerbrochen, lange noch ehe er zum Brunnen ging ... Darum bitte ich Dich: laß mich still sein ..."⁴¹

Endlich versteht sie. „Nichts weiß man von einem Menschen, bevor man ihn nicht geliebt hat", bekennt sie.⁴² Da sie fürchtet, sein körperliches Befinden könne sich durch sie verschlechtern, respektiert sie seinen Willen. „Er ist ohne die geringste Zuflucht, ohne Obdach. Darum ist er allem ausgesetzt, wovor wir geschützt sind. Er ist wie ein Nackter unter Angekleideten", schreibt sie an Max Brod. Er „hat nicht die Fähigkeit zu leben. Frank wird nie gesund werden. Frank wird bald sterben."⁴³

Ihr, der alles Gebenden und alles Fordernden, ist mit ihrem intuitivem Einfühlungsvermögen die gesamte Tragweite seiner Zwiespältigkeit bewußt geworden, zu einem Zeitpunkt, da die tragischen Folgen noch nicht offenkundig sind. Gerade erst hat Freud die Wichtigkeit der psychosomatischen Zusammenhänge entdeckt. Kafka hat sich damit auseinandergesetzt – und schweigt. Aber keiner der Ärzte, die ihn behandeln, kümmert sich anscheinend um die neumodischen Ansichten des Wiener Arztes, sonst wäre doch vielleicht einer auf die Idee gekommen, sich näher mit dem Seelenleben des Patienten zu beschäftigen. Milena, intim genug mit Kafka, jedoch ohne einmal eine körperlichen Vereinigung mit ihm

(89) Das Café „Central" in Wien: „... hier hatte der abtrünnige Journalismus sein Dach .... (hier) saß der Sozialismus, der Panslawismus, der k.k. Hochverrat; Dr. Kramarsch und Masaryk, slowenische Studenten, polnische und ruthenische Parlamentarier, gelehrte Arbeiterführer – der fanatische Leitartikel." Das Feuilleton schleppte sich „als Rattenschweif Peter Altenbergs ein", schreibt Anton Kuh über dieses Lokal.

(90) Das Café „Herrenhof" in Wien, Ernst Polaks Stammcafé (Herrengasse Nr. 10, Aufnahme von 1937).

(91) Peter Altenberg.

(92) Inserat der „Národní Listy", für die Milena schreibt.

*(93) Slavká Vondráčková. Seltener Gast im Café „Central" ist Franz Kafka, wo er u.a. auch Otto Groß trifft. Während eines seiner Aufenthalte in Wien begegnet ihm hier zum zweiten Mal jene junge Künstlerin aus Prag (Slavká Vondráčková), mit der er einen Konversationsversuch in deutscher Sprache unternommen hat. Sie wechseln ein paar Worte über Wetter und Krieg, dann blättern sie in den Zeitungen. Plötzlich kommt ein Mann und redet aufgeregt mit Kafka. Nach einer Weile verstummt dieser. Als Slavká aufblickt, sieht sie, daß sein Kopf auf seine Hände niedersinkt, die auf der Tischplatte liegen: er weint. Von dem hellen Marmor hebt sich eine merkwürdige Schwärze, ein dunkler Fleck, fast blau, ab. „Das Haar glänzt wie gewichst" – Slavká denkt an die schwarze Schuhfarbe, die in kleinen hölzernen Schächtelchen verkauft wird. Der Mann versucht Kafka zu trösten, sie fragt ihn: „Warum weinen Sie denn, Herr Doktor?" Aber er gibt keine Antwort. Da steht sie verlegen auf und geht.
(Kafka hatte seine Braut Felice im Sommer 1917 zu deren Schwester nach Ungarn begleitet. Auf der Rückreise hatte er sich in Wien aufgehalten und sich bereits mit dem Gedanken getragen, die zweite Verlobung aufzulösen. Wahrscheinlich hat sich die erwähnte Episode zu diesem Zeitpunkt zugetragen.)*

erlebt zu haben, fühlt die Ursache seines Versagens genauso wie er, aber sie hat erkannt, daß sie dem Unausgesprochenen gegenüber machtlos ist. Sie ist „zu sehr Weib, die Kraft zu haben", sich einem Leben mit ihm zu unterwerfen, von dem sie weiß, „daß es strengste Askese bedeuten würde, auf Lebenszeit." Gerade diese Sehnsucht nach einem Leben, „der Erde sehr nahe"[44], macht es ihm letztlich unmöglich, sie zu lieben. „Ich kann offenbar, meiner Würde wegen, meines Hochmuts wegen (auch wenn er noch so demütig aussieht, der krumme Westjude!) nur das lieben, was ich so hoch über mich stellen kann, daß es mir unerreichbar wird." Auch wenn er behauptet, daß dies „der Kern des Ganzen" sei,[45] so ist es doch in Wahrheit die „Todesangst" vor seinem eigenen Geschlecht, das ihn Tag und Nacht quält, er „müßte Furcht und Scham und ... Trauer überwinden, um ihm zu genügen", er möchte einfach „neben (sich) stehen."

Kafka gesteht sich ein: Milena „hat recht: Die Furcht ist das Unglück."[46]

(94) *Franz-Josefs-Bahnhof in Wien, Endstelle der Bahnstrecke Wien–Prag über Gmünd (Vorderansicht). Von hier aus fährt Kafka zurück nach Prag.*

(95) *Rückansicht des Franz-Josefs-Bahnhofes.*

(96) Bahnhof in Gmünd.

(97, 98) Gmünd, Grenzstation Österreich/Tschechoslowakei. Hier trift sich Kafka Mitte August 1920 mit Milena.

IN DER HOHEN TATRA

Kafka läßt seine Pläne, in ein österreichisches Sanatorium zu fahren, fallen, er hat eine andere Wahl getroffen: Matliary in der Hohen Tatra. Zunächst will er in Begleitung seiner inzwischen mit dem Juristen Dr. Josef David verheirateten Schwester Ottla fahren, die ein Kind erwartet und ein paar Tage bei ihm bleiben will. Die Gefahr einer Ansteckung hält sie aber doch davon ab, so daß er am 18. Dezember 1920 allein seine Reise antritt.

An einem klaren Winterabend kommt er in Tatranske Lomnica an, wo ihn ein Schlitten erwartet, der ihn bei Mondschein durch den verschneiten Bergwald nach Matliary bringt. Ein großes hellerleuchtetes Gebäude taucht aus der Dunkelheit auf – schon glaubt sich Kafka am Ziel, aber der Schlitten fährt weiter und hält erst vor einem dunklen, verdächtig wirkenden Haus. Weit und breit niemand, der Kutscher muß eine ganze Weile lang suchen und rufen, bis endlich ein Mädchen kommt und Kafka in sein Zimmer führt. Aber welch ein Zimmer! „Ein Eisenbett, darauf ohne Überzug ein Polster und eine Decke, die Tür im Schrank ist zerbrochen", der Wind heult durch die Fugen, „der Ofen stinkt mehr, als er wärmt." Als die Besitzerin, Frau Forberger, eine stattliche Person in langem schwarzem Samtmantel kommt, um ihn zu begrüßen, überfreundlich, „aber ohne jede Lust oder Fähigkeit zu helfen", faßt er augenblicklich den Entschluß, am nächsten Morgen in das etwa eine Stunde entfernte Sanatorium Dr. Szonthagh in Nový Smokovec zu übersiedeln. Er beruhigt sich erst, als ihm das Mädchen das Nebenzimmer, das für Ottla reserviert war, anbietet. Er ist angenehm überrascht: Das Zimmer ist größer, besser beleuchtet, warm, hat ein gutes Holzbett, einen neuen Schrank und ein Fenster, das weit genug vom Bett entfernt ist. Ja, hier will er bleiben – und damit beginnt die Wendung zum Guten. Ein Glück also, daß Ottla nicht mitgekommen ist. Am nächsten Tag gefällt es ihm schon so gut, daß er, als man ihm ein Zimmer im Hauptgebäude zur Verfügung stellen will, nicht die geringste Lust hat, umzuziehen. Jetzt findet er es sogar als Vorteil, daß er in der kleinen „Villa Tatra" wohnt – „... vor allem ist man gezwungen dreimal zum Essen hinüberzugehn ... und wird nicht so faul und unbeweglich", schreibt er Ottla wenige Tage nach seiner Ankunft. „Dann ist die Hauptvilla wie man mir bestätigt hat sehr lärmend, immerfort läuten die Glocken, die Küche macht Lärm, die Fahrstraße, die dort eng vorüberführt, eine Rodelbahn, alles macht Lärm. Bei uns ist es ganz

(99) Am 20. September erscheint in der tschechischen Literaturzeitschrift „Kmen" eine Übersetzung Milenas von Kafkas „Heizer".

(100) Bahnstrecke nach Lomnitz (Hohe Tatra).

(101) Franz Kafka um 1920.

Das Leben, das mich stört

(102) Kafka wird von einem Schlitten aus Lomnitz abgeholt und nach Matliary gebracht. Auf dem Schlitten das Ehepaar Forberger mit dem Kutscher.

(103) Lungenheilsanatorium Matliary.

still... Dann ist drüben eigentlich nur eine gemeinsame Liegehalle und selbst die liegt nicht so in der Sonne wie mein Balkon... Und, wenn man auch das als Vorteil ansehen will, der Arzt wohnt tatsächlich auf meinem Gang, links, drei Türen weiter."[1] Auch das Essen ist gut und so erfindungsreich, daß er „die Dinge, aus denen es zusammengesetzt ist, gar nicht auseinander(kennt)."[2] Er ist also mit dem Sanatorium, das eigentlich gar nicht den Anschein eines solchen hat, weil es auch Touristen und Jäger aufnimmt, zufrieden. Außerdem muß er sich schon am nächsten Tag eingestehen, daß er Frau Forberger Unrecht getan hat, sie scheint ihm sanft und freundlich und gerade so, als habe sie „mit (ihrem) Samtmantel (oder war es Pelz?)... alles Böse abgelegt."[3] Bald wird sie ihm so sympathisch, daß er Ottla bittet, Briefmarken für ihren Bruder zu schicken. „Jedenfalls wären also alle äußeren Voraussetzungen für ein gutes Gelingen gegeben", stellt er befriedigt fest.[4]

Trotzdem gewöhnt sich Kafka zunächst nur schwer ein, pflegt anfangs keinerlei Kontakte zu den übrigen Patienten, und diejenigen, die sich zwangsweise durch die gemeinsamen Mahlzeiten ergeben, sind recht unerfreulich. Die Tischnachbarschaft einer älteren tschechischen Dame mit antisemitischen Neigungen läßt ihn „fast körperlich" zittern.[5] Außerdem ist es viel lauter, als er gedacht hat. Die „Balkonunruhe", das Husten der Schwerkranken, das Läuten der Zimmerglocken, selbst die leisesten Stimmen, die durch die Mauern dringen, verursachen ihm geradezu Herzbeschwerden. „... ich winde mich auf meinem Liegestuhl fast in Krämpfen, ... in den Schläfen bohrt sich jedes Wort ein, die Folge dieser Nervenzerrüttung ist, daß ich auch in der Nacht nicht schlafe", klagt er, „... fast scheint es mir manchmal, daß es das Leben ist, das mich stört; wie könnte mich denn sonst alles stören?"[6]

Seine Überempfindlichkeit macht Kafka am meisten zu schaffen. Nach einem Besuch bei einem älteren Herrn, der ihn durch das Stubenmädchen zu sich bitten läßt und ihm erklärt, wie er mit Hilfe eines Spiegels seine Kehlkopfgeschwüre mit Sonnenlicht bestrahle, erleidet er einen Schwächeanfall, der einer Ohnmacht nahekommt. Was er in diesem Zimmer gesehen hat, scheint ihm „viel schlimmer als eine Hinrichtung ja selbst als eine Folterung... Dieses ganze elende Leben im Bett, das Fiebern, die Atemnot, das Medizinnehmen, das quälende und gefährliche Spiegeln ... (das) keinen anderen Zweck (hat), als durch Verlangsamung des Wachsens der Geschwüre, an denen er schließlich ersticken muß, ... dieses elende Leben fortsetzen zu können", entsetzt ihn. „Und die Verwandten und die Ärzte und die Besucher", schildert er Max, „haben sich

(104) *Winterwald in Matliary. Matliary ist ein Familienunternehmen, das den Familien Loisch, Forberger, Bugsch und Beck gehört.*

(105) *Prof. Árpád Forberger, Kurdirektor, Mitbesitzer des Sanatoriums. Er ist verantwortlich für die wirtschaftlichen Belange, für die Landwirtschaft und den Fuhrpark.*

(106) *Jolán Forberger. Sie leitet mit Hilfe eines Sekretärs die Zimmervermietung, mit dem Koch und Zuckerbäcker die Verpflegung und kümmert sich gemeinsam mit dem Gärtner um die Parkanlagen.*

(107) Villa „Tatra". Der untere Balkon vorn an der Längsseite gehört zu Kafkas Zimmer. Links dahinter die Villa „Steinbruch".

(108) Die Villa „Tatra" von der anderen Seite.

(109) Hauptgebäude „Villa Ratzenberg" („Morgas").

förmlich über diesem nicht brennenden, aber langsam glühenden Scheiterhaufen Gerüste gebaut, um ohne Gefahr und Ansteckung den Gefolterten besuchen, abkühlen, trösten, zu weiterem Elend aufmuntern zu können. Und in ihrem Zimmer waschen sie sich dann voll Schrecken wie ich."[7]

Jetzt, wo sich Kafka zum ersten Mal in einem Lungenheilsanatorium befindet, wird ihm die Bedeutung seiner eigenen Krankheit erst richtig bewußt: „... es war ein Fehler", gesteht er Max, „daß ich bisher nicht unter Lungenkranken gelebt und der Krankheit eigentlich noch nicht in ihre Augen geschaut habe, erst hier habe ich das getan."[8] Die Vorstellung, zur Gefahr für Gesunde zu werden, peinigt ihn. „Was für eine Widerlichkeit z.B. einem Kehlkopfkranken (Blutsverwandter der Lungenkranken, der traurige Bruder) gegenüberzusitzen, der freundlich-harmlos Dir gegenübersitzt, mit den verklärten Augen der Lungenkranken Dich ansieht und Dir dabei zwischen seinen gespreizten Fingern Eiterteilchen seiner tuberkulösen Geschwüre ins Gesicht hustet."[9] Mit geradezu sadomasochistischer Lust schreibt sich Kafka seinen beinah manischen Ekel vor allem, was ihm grausig oder unrein scheint, von der Seele. Eine russische Beschneidung fasziniert ihn genauso, wie sie ihn abstößt: „Alle ... Beschneider haben ... rote Nasen und riechen aus dem Mund. Es ist daher auch nicht appetitlich, wenn sie, nachdem der Schnitt ausgeführt ist, mit diesem Mund das blutige Glied aussaugen, wie es vorgeschrieben ist. Das Glied wird dann mit Holzmehl bedeckt und ist in drei Tagen beiläufig wieder heil."[10] Oder: „Dieses Verlangen, das ich fast immer habe, wenn ich einmal meinen Magen gesund fühle, Vorstellungen von schrecklichen Wagnissen mit Speisen in mir zu häufen ... Sehe ich eine Wurst, die ein Zettel als eine harte Hauswurst anzeigt, beiße ich in meiner Einbildung mit ganzem Gebiß hinein und schlucke rasch, regelmäßig und rücksichtslos, wie eine Maschine. Die Verzweiflung, welche diese Tat selbst in der Vorstellung zur Folge hat, steigert meine Eile. Die langen Schwarten von Rippenfleisch stoße ich ungebissen in den Mund und ziehe sie dann von hinten, den Magen und die Därme durchreißend, wieder heraus. Schmutzige Greislerläden esse ich vollständig leer ... Ich genieße dadurch nicht nur meinen gesunden Zustand, sondern auch ein Leiden."[11] Er, den vor Mäusen graut, genießt in seiner Phantasie das Aufspießen einer Ratte mit einem langen Messer, von der er sich erst dann eine genaue Vorstellung machen kann, wenn er „sie vor sich in Augenhöhe hat",[12] während ihn in Wirklichkeit schon der Anblick nackter Dekolletés stört.

An Max schreibt er, daß er seine Kur geradezu „wütend

(110) Dr. Aladár Bugsch mit seiner Frau. Seine beiden Töchter Irene und Margarete zählen zu Kafkas kleinem Freundeskreis in Matliary.

(111) Kinder in Matliary.

(112) Aufenthaltsraum im Hauptgebäude.

Das Leben, das mich stört 55

(113) Lesezimmer im Hauptgebäude.

(114) Speisesaal im Hauptgebäude.

(115) Die Köche.

(116) Gruppenbild aus Matliary mit Franz Kafka und seinen Freunden aus dem Sanatorium.

DAS LEBEN, DAS MICH STÖRT

(117) Villa „Loisch".

(118) Skifahrer, zum Großteil Soldaten aus dem nahen Barackenlager. Voll Bewunderung schreibt Kafka an Max: „... imponierend genug, dieses ernste glatte Wandern auf der Landstraße, das Hinabgleiten von oben, das Hinaufmarschieren von unten ... was konnten die! ... es war traumhaft, so gleitet der gesunde Mensch aus Wachen in den Schlaf."

(119) Bahnstation Poljanka.

(120) Sanatorium Dr. Guhr in Poljanka. Auch eine Übersiedlung dorthin zieht Kafka in Betracht, da ihm die Höhenlage dieses Ortes besonders günstig scheint,

(121, 122) Der Tschirmer-See, ein beliebtes Ausflugsziel – auch für Franz Kafka.

ernst" nehme: „... ich esse sogar Fleisch, mit noch größerem Widerwillen als anderes", gesteht er, „... eine quälende Appetitlosigkeit läßt mir den Schweiß im Gesicht ausbrechen, wenn ich den Schrecken des gefüllten Tellers vor mir sehe."[13]

Kafkas innere Unruhe, die ständige Müdigkeit, seine Hilflosigkeit der Hypochondrie gegenüber schwächen seine ohnedies geringe Widerstandskraft – unterstützt durch die wochenlang anhaltenden Schneestürme – derart, daß er „nicht zwei Tage hintereinander, selbst abgesehen von der Lunge... vollständig gesund" ist.[14] So wirft ihn das schlechte Wetter Ende Jänner 1921 „einfach ohne viel Umstände ins Bett."

ROBERT KLOPSTOCK

In diesen Tagen lernt Kafka den 21jährigen ungarischen Medizinstudenten Robert Klopstock kennen, der, selbst tuberkulös, sein Studium unterbrechen mußte und der ihn während seines Aufenthaltes in Matliary mitbetreut.

Klopstock ist der Sohn eines Staatsbahningenieurs, am 19.10.1899 in Dombovar geboren, und lebt nun in Budapest. Zwischen den beiden Kranken entwickelt sich rasch eine Freundschaft, wobei der Ungar, anscheinend beeindruckt von der Tatsache, daß Kafka mit Max Brod befreundet ist, zunächst der werbende Teil ist. Er hat ein untrügliches Gefühl für die Bedeutung eines Menschen, dessen Zuneigung nicht nur seiner Eitelkeit schmeichelt, sondern die ihm darüber hinaus auch nützlich ist. Seine späteren Bekanntschaften mit Persönlichkeiten wie etwa den Ärzten Sauerbruch und Nissen oder Franz Werfel, Thomas Mann und dem ungarischen Zuckerbaron und berühmten Mäzen Dr. Ludwig von Hatvany, welcher seinerseits in engem Kontakt zu Franz Blei, Oscar Bie, Franz Theodor Csokor, Adolf Loos, Peter Altenberg, Alfred Polgar und Karl Tschuppik steht, bestätigen sein Talent, menschlichen Großmut geradezu herauszufordern.[15] Klopstock scheut sich nicht, auch Kafkas Beziehungen sehr bald in Anspruch zu nehmen. So wie der Dichter möchte auch er fort aus der Stadt, in der er groß geworden ist. Er hat freilich andere Gründe dafür. Erstens will er hinaus in die Welt. Zweitens ist er sehr in seine Cousine Rózsi Szilárd verliebt, hoffnungslos allerdings, denn sie macht sich ganz und gar nichts aus ihm, hält ihn schlichtweg für einen Komödianten. Wenn er mit geschlossenen Augen auf dem Sofa liegt – tief in Gedanken versunken oder bemüht, eine besondere Intelligenz zu beweisen,

(123) *Kafka vergleicht Robert Klopstock mit den Gestalten aus den Kinderbüchern des Arztes, Schriftstellers und Zeichners Heinrich Hoffmann, der mit seinem Bilderbuch „Struwwelpeter" (1845) weltbekannt wurde: „Knirps".*

(124) *„Der faule Bastian".*

DAS LEBEN, DAS MICH STÖRT

(125) Rózsi Szilard. Cousine Klopstocks aus Budapest, Kunststudentin. Klopstock ist unglücklich in sie verliebt und erzählt Kafka, daß er ihretwegen nicht mehr in Budapest bleiben wolle. Während er seine Studien in Prag fortsetzt, zieht Rózsi für eine Weile nach Berlin. Aber es scheint ihr dort nicht zu gefallen. Anfang Dezember 1921 schreibt Kafka verwundert an Klopstock: „Daß Ihre Cousine nicht in Berlin bleibt, ist merkwürdig; es bedeutet doch etwas, als halbwegs freier Mensch Berlin zu verkosten. Es spricht sehr für die Kunst Ihrer Cousine oder sehr gegen sie, daß sie so leicht Berlin verläßt."

(126) Robert Klopstocks Handschrift (Brief an den ungarischen Schriftsteller M. Babits).

(127) Robert Klopstock (1899–1972), Kafka lernt ihn in Matliary als Medizinstudenten, der selbst an TBC erkrankt ist, kennen und befreundet sich mit ihm.

an die sie nicht glaubt –, findet sie dies höchstens lustig, beeindruckt ist sie nicht. Es imponiert ihr auch nicht, daß er Sekretär des psychoanalytischen Hochschulvereins ist. Es ist daher kein Wunder, daß er in ihrer Gegenwart nur leidet und der Versuchung, sie zu sehen, aus dem Weg gehen will.

Und drittens hat er auf Grund eines Numerus clausus für Juden Schwierigkeiten, in Budapest weiterzustudieren und möchte seine Studien deshalb in Prag fortsetzen, was für einen Ausländer gar nicht so einfach ist. Ein Empfehlungsschreiben des Rabbiners Edelstein war bisher ohne Erfolg geblieben, so daß Kafka Max bittet, sich über die Möglichkeiten in Prag zu informieren. „Auf was kann er ..., was Unterstützung oder Lebenserleichterung anlangt, hoffen? ... Würde es für seine Zulassung zur Universität und sein sonstiges Leben eine wesentliche Erleichterung bedeuten, wenn er die tschechoslowakische Staatsbürgerschaft erwerben würde?"[16]

(128) Rabbiner Edelstein aus Budapest. Zu ihm kommen zahlreiche Studenten mit der Bitte, ihnen zu helfen. Er setzt sich u.a. auch dafür ein, daß Robert Klopstock in Prag seine in Budapest begonnenen Studien fortsetzen kann.

So geschickt Klopstock darin ist, jede sich bietende Gelegenheit zu seinem Vorteil auszunützen, sosehr er es auch genießt, mit außergewöhnlichen Menschen, mit Dichtern und hervorragenden Medizinern verkehren zu dürfen und sich in ihrem Glanze zu sonnen, sosehr er es sich als Ehre anrechnet, in ihre Kreise aufgenommen zu werden, so dankbar erweist er sich aber auch für jede Hilfe, für jede ihm entgegengebrachte Anteilnahme an seinen oft unglückseligen und verworrenen, von ständiger Geldnot begleiteten Geschicken. Er bemüht sich, Kafka gefällig zu sein, wo und so gut er nur kann. Und später wird er aus Dankbarkeit der Familie Mann gegenüber den Sohn Klaus während einer Drogenentziehungskur im Budapester Siesta-Sanatorium aufs beste betreuen.[17] Er ist von der aufopfernden Selbstlosigkeit des geborenen Mediziners, als den ihn Kafka schon in den ersten Tagen ihrer Freundschaft erkennt. Kafka schildert Klopstock als liebesbedürftigen antizionistischen Juden, der sich an Jesus und Dostojewskij orientiert, als sehr strebsam und klug, als überaus literarisch gebildet und trotz seines gröberen Gesamtbildes Werfel nicht unähnlich. Er ist ein großer kräftiger Mensch mit roten Wangen, blondem Haar und offenen Augen, dem man seine Krankheit nicht ansieht – eine Erscheinung, deren Faszination vom Ausdruck seines Gesichts ausgeht, ohne daß dies eindeutig begründbar wäre. „Ein solches dämonisches Schauspiel habe ich in der Nähe noch nicht gesehen", gibt Kafka zu. „Man weiß nicht, sind es gute oder böse Mächte, die da wirken, ungeheuerlich stark sind sie jedenfalls. Im Mittelalter hätte man ihn für einen Besessenen gehalten."[18] „Im Bett, im Hemd, mit zerrauftem Haar, mit einem Jungengesicht wie aus Hoffmanns Kinderer-

DAS LEBEN, DAS MICH STÖRT 63

(129, 130) Robert Klopstocks Geburtsort Dombovár in Ungarn.

(131) Die Straße, in der Robert Klopstock im Jahr 1935 gemeldet ist, Csákányi Lajos, Budapest.

Nächste Doppelseite (132, 133) Ärztliches Gutachten des Kurarztes Dr. Strelinger.

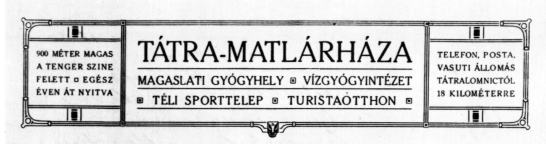

Tátra-Matlárháza, 19......

Ärztliches Gutachten!

Über Herrn Dr. Franz Kafka aus Prag, der seit 20/XII. 1920 hierorts in meiner ärztlichen Behandlung sich befindet.

Lungenbefund am 20/XII. Über linker Obelappen relative verkürzter Schall. Hinten desgleichen, bis unterem Rand der Scapula. Vorne verschärftes vesicobronchiales Athmen, bedeckt bis zur II. Rippe mit Knacken. Links hinten oben, bis unterhalb der Spina Scapulae verschärftes vesicobronch. Athmen, bedeckt mit reichlichen Knacken. Von da ab bis Mitte des Unterlapps ......, mittelblasige Geräusche.

Rechts vorne bis zur III. Rippe relat. verkürzter Schall. Hinten bis zur Spina Scapulae relat. Dämpfung. Vorne verschärftes vesiculöses Athmen, bedeckt mit Knistern bis oberem Rand der III. Rippe. Hinten so wie vorne bis unterhalb der Spina Scapulae. Herz Grenzen normal. Herztöne rein. Puls in Ruhe 80 nach etwas Bewegung 96-100.

Lungenbefund vom 11/III. 1921. Percussion so wie am 20/XII über l. Oberlappen. Athmung vorne: vesicobronchial oberhalb der Clavicula, bedeckt mit reichlichen Knacken. Von da ab bis zur III. Rippe spärliche, mittelgrosse halbfeuchte Geräusche. Links hinten vesicobronch. Athmen bis unterhalb der Spina Scapulae, bedeckt mit trockenen Knacken. Von da ab verschärftes vesiculäres Athmen begleitet von stellenweise von feuchtrasselnden kleinblasigen Geräuschen.

Rechts vorne relat. verkürzter Schall bis zur II. Rippe stark verschärftes vesiculäres Athmen. Hinten bis zur Spina Scapulae relat verkürzter Schall, verschärftes vesiculäres Grundathmen und bloss an der Mitte

vereinzelte Trockene Rhonchi.
Beim Vergleiche der zwei Lungenbefunde, ist es ersichtlich, dass im Befinden des Patienten eine wesentliche Besserung eingetreten ist. Nichtsdestoweniger besteht aber noch in der linken Lunge, ausser sten krankhaften Veränderungen ein minder beträchtlicher Lungenbefund. Aus diesem Grunde befinde ich es als unratsam, die bisher hierorts befolgte Kur abzubrechen und die Aufnahme einer Beschäftigung in Prag würde auf das Leben des Patienten gefährdend einwirken.
Patient benöthigt von jetzt ab gerechnet, einen noch 5–6 monatlichen Kuraufenthalt in der Hohen Tátra, um seine Leistungsfähigkeit zu erlangen.
Um danach seine Leistungsfähigkeit zu wahren, würde Patient voraussichtlich alljährlich eines sechswöchentlichen Erholungsurlaubes benöthigen.
Tatranské Matliáry d. 11. III. 1921

Dr. L. Strelinger
Lungenfacharzt

zählung-Kupferstichen und dabei ernst und angespannt und doch auch in Träumen – so ist er geradezu schön."[19] Auch Lili, die Tochter des Rabbiners Edelstein, hat Klopstock schön gefunden. Besonderen Eindruck haben auf sie und auch auf den Vater seine Briefe gemacht. „Das war keine gewöhnliche Prosa, das war Dichtung", erinnert sich Lili, „dazu die regelmäßige schön geformte Schrift, mit blauer Tinte geschrieben", eine Harmonie, die ganz im Widerspruch zu seinem komplizierten, schwierigen Charakter steht.[20]

(134) Der Krivan. „Auf dem Krivan habe ich mich photographieren lassen...", schreibt Kafka an seinen Schwager Josef David.

Klopstock wird zum Vermittler zwischen Kafka und seiner Umgebung: „Ich verkehre eigentlich nur mit dem Mediziner", schreibt Kafka an Max, „alles andere ist nur nebenbei, will jemand etwas von mir, sagt er es dem Mediziner, will ich etwas von jemandem, sage ich es ihm auch. Trotzdem, Einsamkeit ist das nicht, gar keine Einsamkeit, ein halb-behagliches Leben, äußerlich halb behaglich in einem wechselnden Kreis äußerst freundlicher Leute, freilich, ich ertrinke nicht vor aller Augen und niemand muß mich retten und auch sie sind so freundlich, nicht zu ertrinken, auch hat manche Freundlichkeit ganz deutliche Gründe, so z. B. gebe ich viel Trinkgeld."[21]

Die Tage vergehen „in Müdigkeit, im Nichtstun, im Anschauen der Wolken, auch in Ärgerem." Er hat bis jetzt kaum ein Buch gelesen und liegt oft in einem vollständigen Dämmerzustand da, ähnlich dem, wie er ihn als Kind an seinen Großeltern bestaunt hat.[22] Erst mit Hilfe Klopstocks entwickelt sich allmählich eine kameradschaftliche Beziehung zu den Angestellten und Mitpatienten. Arthur Szinay, einen 25jährigen Kaschauer, der zu ihm rücksichtsvoll wie eine Mutter zu ihrem Kind ist, hat er besonders gern: „... ein Junge zum Verlieben", der erst in Matliary Deutsch gelernt hat, „mit elenden Zähnen, einem schwachen meist zugekniffenen Auge, ewig verdorbenem Magen, nervös ... voll Ironie, Unruhe, Laune, Sicherheit aber auch Bedürftigkeit." Er ist Sozialist, findet alles interessant und läuft in alle Versammlungen. Deshalb kennt er auch Max Brod und war dabei, als Jiří Langer die Misrachigruppe gegründet hat.[23]

Auch Dr. Glauber, ein immerfort pfeifender Zahnarzt, der als Patient auch ab und zu zahnärztliche Arbeiten übernimmt und 1923 in Matliary sterben wird, sowie der junge Medizinstudent Holzmann, der später Chefarzt in Matliary wird, dann das Sanatorium Bellevue in Oberschmecks gründet und als Dr. Horny den Freitod wählt, gehören zu den Personen, denen Kafka große Sympathie entgegenbringt. In diesen Freundeskreis werden vier junge Frauen aufgenommen: die Ungarin Ilonka Roth, Margarete und Irene Bugsch, die beiden Töchter

Das Leben, das mich stört

(135) Gäste. Von links: unten Robert Klopstock, Dr. Glauber, Kafka, Dahinter Irene Bugsch, Susanne Galgon, Margarete Bugsch, in der dritten Reihe rechts Ilonka Roth.

des Sanatoriums-Mitbesitzers Alexander Bugsch, und die bildhübsche, fröhliche und sehr belesene Susanne Galgon aus Bierbaum, die mit dem Sohn des Zipser Großbauern, Ortsrichters und Abgeordneten Michael Galgon verheiratet ist.[24] Dann ist hier noch der tschechische Berufsoffizier Anton Holub, der nicht nur ein tollkühner Skifahrer, sondern auch ein begeisterter Flötenspieler und dilettantischer Maler ist, der mit seinem faltigen, trocken-hölzernen Aussehen an eine Mischung von Schiller und Signorellis Toten erinnert. Er veranstaltet eine Ausstellung seiner Werke im Hauptgebäude, die Kafka für die „Karpatenpost" und Klopstock für eine ungarische Zeitung bespricht.[25]

„GESUNDWERDEN – FÜR MICH AUSGESCHLOSSEN"[26]

Trotz aller Ablenkung durch gemeinsame Unternehmungen und Diskussionen kreisen Kafkas Gedanken doch immer wieder nur um seine eigene Krankheit. Der Winter wirkt sich nicht günstig auf seinen Zustand aus, den er selbst als „weit mehr als doppelt so schlecht" beschreibt. Niemals noch hatte er „solchen Husten, niemals solche Atemnot, niemals eine solche Schwäche."[27] Dr. Leopold Strelinger führt Kafkas Störungen auf die Lungenerkrankung zurück und teilt damit die Ansicht Dr. Andreattis, daß, solange die Lungenkrankheit nicht manifest war, sich die Schwäche des Magens und der Nerven maskiert hätte: „Manche Lungenerkrankungen – das glaube ich auch – kommen über solche Maskierungen gar nicht hinaus", schreibt Kafka in einem Brief an Max.[28] Nach einer genauen Untersuchung Anfang März stellt der Arzt fest, daß im Befinden der Lunge eine wesentliche Besserung eingetreten sei. „Nichtsweniger besteht aber noch in der linken Lunge, auf ernsten krankhaften Veränderungen basierender beträchtlicher Lungenbefund", so daß eine Wiederaufnahme der Arbeit in Prag einen vollkommenen Zusammenbruch bedeuten würde. Dr. Strelinger verlangt eine fünf- bis sechsmonatige Verlängerung des Kuraufenthaltes. „Um danach seine Leistungsfähigkeit zu wahren, würde der Patient voraussichtlich alljährlich bloss einen sechswöchentlichen Erholungsurlaub benötigen", heißt es in seinem Gutachten.[29] Daraufhin wird Kafkas Urlaub bis 20. August 1921 verlängert.

Obwohl im Frühjahr Husten, Auswurf und Atemnot geringer werden und er nur selten Fieber hat, verläuft die gesundheitliche Entwicklung nicht befriedigend. Zwar hat er

(136) Dr. Miklos Szontagh, Besitzer des Sanatoriums im Nový Smokovec. Kafka sucht ihn gelegentlich auf, um sich wegen seiner Behandlung beraten zu lassen. Szontagh lehnt die von Dr. Strelinger empfohlene Tuberkulinkur ab und ist damit gleicher Meinung mit Kafka und dessen Onkel Dr. Löwy, der ebenfalls Arzt ist (Photographie eines Gemäldes).

(137) Sanatorium Dr. Szontagh in Nový Smokovec. Kafka erwägt mehrmals, dorthin zu übersiedeln.

(138) Im Juni 1921 macht Kafka einen Ausflug nach Taraika zu einem „Wirtshaus, ... über 1300 m hoch, wild und schön", wo er „große Protektion" hatte: „... man wollte alles mögliche für mich tun, trotzdem eine Überfülle von Gästen kommen wird, man wollte mir vegetarisch kochen, viel besser als hier ..."

DAS LEBEN, DAS MICH STÖRT

Nový Smokovec: Sanatorium Dra Szontagha. Neuschmecks: Dr Szontaghsches Sanatorium. Ujtátrafüred: Dr Szontágh-féle szanatórium.

(137)

A Magas Tátra — Tarajkai kioszk — Kávéház- és étterem
Die Hohe Tatra. Caffee und Restaurant, 1280 m

(138)

ein paar Kilogramm zugenommen, aber ein Darmkatarrh – Kafka hat Angst, es könnte Darmkrebs sein – bewirkt wieder eine Gewichtsabnahme. Dazu kommen sehr schmerzhafte Hämorrhoiden und „der wildeste Abszeß" am Schienbein, so daß er schließlich ironisch bemerkt: „… was im Laufe der 3 Monate sich gebessert hat, ist gewiß mehr das Wetter als die Lunge."[30] Er liegt jetzt oft mit nacktem Oberkörper auf seinem sonnigen Balkon oder in der Liegehalle im Wald, aber ein wesentlicher Erfolg tritt dadurch auch nicht ein. Den Versuch des Arztes, die Kur durch Arseninjektionen zu unterstützen, lehnt er ebenso ab wie die gerade sehr umstrittene Tuberkulinbehandlung, bestärkt durch einen Artikel in der medizinischen Beilage der Ostrauer Morgenzeitung, für den die „Naturheilkunde nur Verachtung" haben kann. „Es ist auch glaubwürdig, daß die Tuberkulose eingeschränkt wird", schreibt er an Max Ende April, „jede Krankheit wird schließlich eingeschränkt. Es ist damit so wie mit den Kriegen, jeder wird beendet und keiner hört auf. Die Tuberkulose hat ihren Sitz ebensowenig in der Lunge, wie z. B. der Weltkrieg seine Ursache im Ultimatum. Es gibt nur eine Krankheit, nicht mehr, und diese eine Krankheit wird von der Medizin blindlings gejagt wie ein Tier durch endlose Wälder."[31]

Anfang Mai kommt er zu der Überzeugung, daß eine Heilung für ihn ausgeschlossen sei. Eine „Unruhewelle" geht über seinen nur „widerwillig lebenden Körper" hin, „den das Gehirn, erschreckt darüber, was es angerichtet hat, nun wieder gegen sich zum Leben zwingen will."[32]

Diese Unruhe hängt gewiß mit einem Brief Milenas zusammen, den er vor kurzem erhalten hat. Ihr Lungenleiden, das er nie ernst genommen hat, hat sich verschlechtert, so daß ihr der Vater nach einer überraschenden Versöhnung den Vorschlag gemacht hat, in die Hohe Tatra zu fahren. Obwohl sie damit nicht einverstanden ist, befürchtet Kafka doch, sie könnte es sich anders überlegen, und bittet Max, ihn auf dem Laufenden zu halten – er will ihr weder in Matliary noch in Prag begegnen – gegebenenfalls würde er sofort abreisen. „Denn eine Zusammenkunft, das würde nicht mehr bedeuten, daß sich die Verzweiflung die Haare rauft, sondern daß sie sich Striemen kratzt in Schädel und Gehirn."[33] Milena bittet ihn nur um eine einmalige Nachricht und verspricht, nicht zu antworten. Die alte Wunde ist also wieder aufgebrochen. Ein paar Tage später besucht ihn der Wiener Lyriker Albert Ehrenstein. Er versucht Kafka davon zu überzeugen, daß ihm in Milena das Leben die Hand reiche und er die Wahl habe zwischen Leben und Tod. Welche Frage!

---

(139) *Brief Kafkas an den Direktor der Arbeiter-Unfall-Versicherungs-Anstalt:*

Hochgeehrter Herr Direktor, ich bin hier schon länger als 5 Wochen, und da ich eine gewisse Übersicht über die mögliche Wirkung des hiesigen Aufenthaltes auf meine Gesundheit habe, gestatte ich mir, Ihnen, hochverehrter Herr Direktor, über mich einen kurzen Bericht zu schicken. Ich bin sehr gut untergebracht (Matliary in der Tatra, Villa Tatra), die Preise sind hier erheblich höher als in Meran, aber in Hinsicht der allgemeinen Teuerung in der Slowakei doch mäßig genug.

Meine Krankheit und deren Besserung kann ich im ganzen nach meinem Körpergewicht, dem Fieber, dem Husten und der Stärke des Atems beurteilen.

Das Körpergewicht und mein Aussehen haben sich beträchtlich gebessert. Ich habe schon über 4 kg zugenommen und nehme an, daß ich weiter zunehmen werde. Das Fieber kommt seltener vor, manchmal sogar einige Tage nicht, und es ist niedriger; allerdings verbringe ich den größten Teil des Tages liegend und bemühe mich, jede Strapaze zu meiden. Der Husten ist zwar noch nicht geringer, aber leichter, so daß ich ihn besser ertrage. An der Stärke meines Atems hat sich bisher kaum etwas verändert. Es ist eben eine langwierige Sache; der hiesige Arzt behauptet allerdings, daß ich mich hier vollkommen ausheilen muß, aber auf solche Behauptungen kann man sich nicht gänzlich verlassen.

Wenn ich meinen Gesamtzustand in Betracht ziehe, fühle ich mich hier besser als in Meran, und habe die Hoffnung, daß ich auch mit besseren Resultaten von hier zurückkehren werde.

Es ist auch möglich, daß ich hier ständig bleibe und daß ich in das Sanatorium in Neu-Smokovec oder Poljanka in der Tatra übersiedle.

Ich danke Ihnen, hochverehrter Herr Direktor, bei dieser Gelegenheit wieder für Ihre Liebenswürdigkeit, die Sie mir durch die Erteilung dieses meines Urlaubs erwiesen haben, und grüße Sie herzlichst.

Ihr ganz ergebener Dr. F. Kafka
27. I. 21

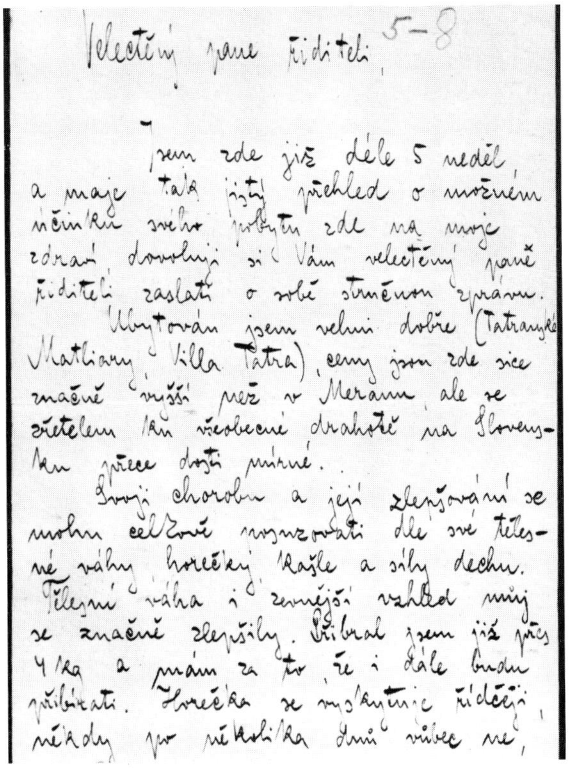

Velectěný pane řediteli,

Jsem zde již déle 5 neděl, a maje také jistý přehled o možném účinku svého pobytu zde na moje zdraví, dovoluji si Vám velectěný pane řediteli zaslati o sobě stručnou zprávu.

Ubytován jsem velmi dobře (Tatranské Matliary, Villa Tatra), ceny jsou zde sice značně vyšší než v Meranu, ale se zřetelem k všeobecné drahotě na Slovensku přece dosti mírné.

Svoji chorobu a její zlepšování se mohu celkově posuzovati dle své tělesné váhy, horečky, kašle a síly dechu. Tělesná váha i zevnější vzhled můj se značně zlepšily. Přibral jsem již přes 4 kg a mám za to, že i dále budu přibírati. Horečka se myslím ztrácí, někdy po několik dní vůbec ne, a bývá menší; ovšem většinu dne ztrávím leže a snažím se vystříhati se každé námahy. Kašle není více dosud méně, jest ale lehčí, takže jej lépe snáším. Na mé síle dechu konečně se dosud aži sotva něco změnilo. Jest to právě velmi zdlouhavá věc. Lékař zdejší více tvrdí, že se zde musím úplně vyléčiti, ale v podobná tvrzení nelze ovšem úplně se spoléhati.

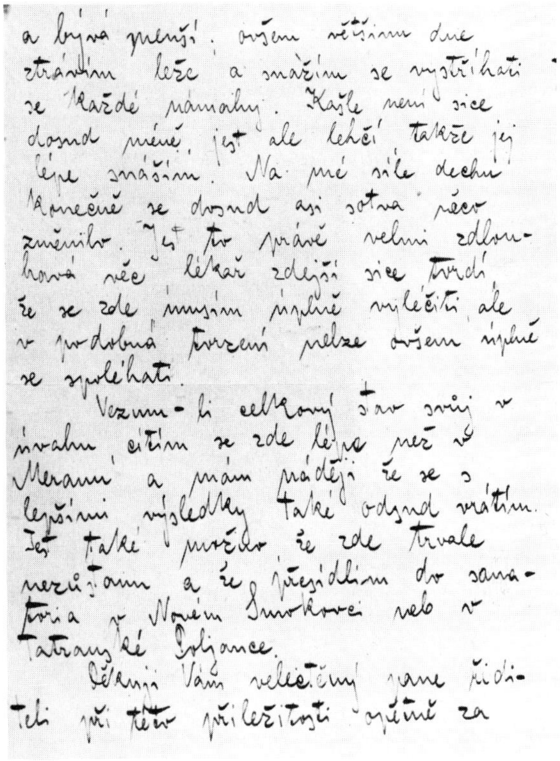

Vezmu-li celkový stav svůj v úvahu, cítím že zde lépe než v Meranu, a mám naději, že se s lepšími výsledky také odsud vrátím. Jest také možná, že zde trvale nezůstanu a že s přejezdem do sanatoria v Novém Smokovci nebo v Tatranské Polniance.

Děkuji Vám velectěný pane řediteli při této příležitosti opětně za laskavost kterou jste mi udělením této mé dovolené prokázal a zdravím Vás srdečně.

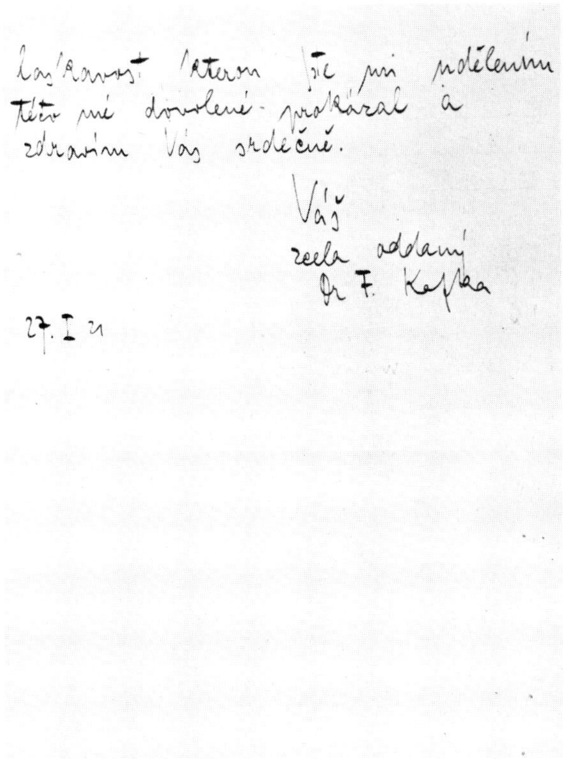

Váš zcela oddaný
Dr F. Kafka

27. I. 21

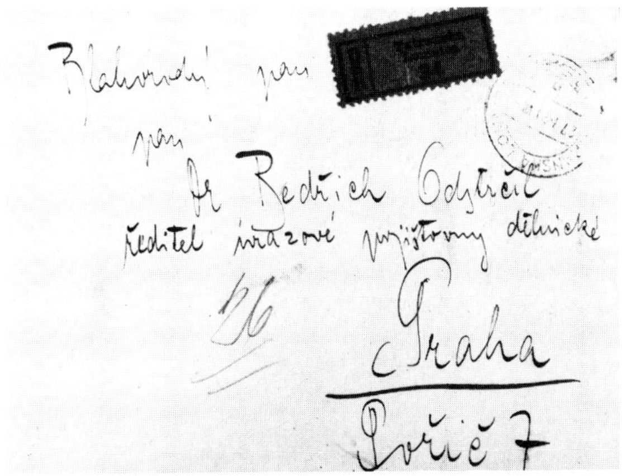

Blahorodný pán
pán
Dr Bedřich Odstrčil
ředitel úrazové pojišťovny dělnické
Praha
Pořič 7

Nach einer etwa zweiwöchigen Marterzeit, in der er sich mit Max über das Problem Milena brieflich auseinandergesetzt hat, fühlt Kafka sich endlich wieder besser. Mit Hilfe von Robert Klopstock hat er eine nicht allzuferne Waldwiese gefunden – eine stille Insel zwischen zwei Bächen –, auf der er nach drei Nachmittagen soweit gesundet, daß er sogar einschläft. Die Augenblicke des Wohlbefindens können aber nicht darüber hinwegtäuschen, daß eine weitere Besserung nicht mehr zu erwarten ist. Im Juni wiegt er rund 65 Kilogramm, acht hat er während seines Aufenthaltes in Matliary zugenommen, er ist im allgemeinen fieberfrei, aber die Atmung ist schlecht. Sein Erholungsurlaub geht dem Ende zu, ohne daß ein wesentlicher Erfolg eingetreten wäre.

Der Gedanke, nach einem Dreivierteljahr wieder ins Büro gehen zu müssen, bedrückt ihn derart, daß es ihm schwerfällt, Matliary zu verlassen, was er am liebsten nur „stückweise" tun möchte „wie es (ihm) entspricht." Einem „jener Lungenzufälle, gegen die man sich nicht schützen kann", einer Bettlägrigkeit wegen Fieber, verdankt er einen mehrtägigen Aufschub seines Dienstantrittes, so daß er sich erst am 26. August auf die Heimreise begeben kann.[34]

(140) Matthias Loisch d.Ä., der im Jahre 1884 auf den „alten Matlaren" (Weideplätzen) am Fuße des Ratzenberges den Kurort Matliary gründete.

(141) Das Ehepaar Forberger.

(142) Die Liebeswiese hinter dem „Grand-Hotel" in Lomnitz. Um 1860 verbrachte die Tochter des Matthias Loisch d.Ä. ihre Flitterwochen in dem damals noch einsamen und weltfernen Hegerhaus ihres Vaters am Rande der Liebeswiese (Matlaren-Au, eine uralte Tatra-Alm). Angeregt vom Glück seiner Kinder baute Loisch hier die ersten gastlichen Häuser, aus denen später der Kurort Matliary entstand.

(143) Matliary im Frühjahr. Im Vordergrund die Villa „Tatra".

(142)

(143)

„Die ewigen Qualen des Sterbens"

Krank aus Absicht

Die Umstellung fällt Kafka furchtbar schwer. „Das Unglück eines fortwährenden Anfangs", „Das Gefühl der vollständigen Hilflosigkeit", lasten schwerer denn je auf seiner Seele. Unentrinnbar verpflichtet zur Selbstbeobachtung, verdächtigt er sich schließlich selbst, daß „dahinter, daß er nichts Nützliches gelernt" hat und sich „auch körperlich verfallen ließ, (eine) Absicht liegen" kann. „Ich wollte unabgelenkt bleiben … durch die Lebensfreude eines nützlichen und gesunden Mannes. Als ob Krankheit und Verzweiflung nicht zumindest ebenso ablenken würden!" Seine erschütternde Selbstanklage: „Die systematische Zerstörung meiner selbst im Laufe der Jahre … eine Aktion voll Absicht", beschwört immer wieder Gedanken an die Sinnlosigkeit des Lebens herauf. „Alles ist Phantasie, die Familie, das Bureau, die Freunde, die Straße, alles Phantasie, fernere oder nähere, die Frau; die nächste Wahrheit aber ist nur, daß du den Kopf gegen die Wand einer fenster- und türlosen Zelle drückst."[1]

(144) Haus „Zur weißen Glocke" an der Ecke Altstädter Ring–Teingasse, das auf dem Wege Kafkas lag.

Er entfernt sich innerlich immer mehr von seiner Umwelt: „… ich ertrage jetzt nicht einmal die Blicke der Menschen mehr, … huste mich stundenlang in einen Morgenschlaf hinüber und wäre am liebsten aus dem Leben hinausgeschwommen, was mir wegen der scheinbaren Kürze der Wegstrecke leicht schien", schreibt er an Robert.[2]

Das Gedankenspiel mit der Möglichkeit eines jähen Endes hat seinen eigenen Reiz, der vielleicht gerade darin liegt, daß es sich bisweilen in einen geradezu heroischen Pessimismus hineinsteigert, der letztlich stärker ist als feiger Optimismus und ein Weiterleben überhaupt erst ermöglicht. Das weiß Kafka auch und weiß es seit Jahren. Als er vor dem Ende seiner Beziehung zu seiner ersten Braut Felice stand, war er zu folgender Überlegung gelangt: um der „Tatsache des Sich-Nicht-Bewährens" zu entrinnen, bietet sich „nicht der Selbstmord" an, „sondern der Gedanke an ihn." Aber das Leiden an diesem Weiterleben wird dadurch nicht geringer. „Ich … schwanke dort oben, es ist leider kein Tod, aber die ewigen Qualen des Sterbens"[3], hat er einmal geschrieben – Worte, die angesichts des zunehmenden körperlichen Verfalls und der schwindenden Hoffnung auf Besserung immer mehr an Realität gewinnen.

(145) Prag im Winter.

(145)

Kaum kommt er aus dem Büro, muß er sich hinlegen, so müde und elend fühlt er sich. Er hat einen Tiefpunkt erreicht, der ihn sogar an seinem letzten Halt, am Vertrauen in seine literarische Arbeit, zweifeln läßt. Wie sonst ließe sich sein Testament aus diesen Tagen erklären, in dem er Max bittet, nach seinem Tod alle seine Texte zu verbennen.[4]

Als sich Kafka am 13. September von Dr. Kodym untersuchen läßt, empfiehlt dieser unbedingt die Fortsetzung seiner in Matliary begonnenen Kur in einem Lungenheilsanatorium, aber der Dichter läßt wieder drei Jahre vergehen, bis ihm keine andere Wahl mehr bleiben wird.

Am 29. Oktober 1921 wird ihm abermals ein Urlaub, und zwar bis 2. Februar 1922, bewilligt. Kafka zieht es vor, in Prag zu bleiben, von Kranken hat er genug. Die meiste Zeit verbringt er zu Hause, umsorgt und verwöhnt von der Familie, tatenlos, gelangweilt und trauernd über die verlorene Zeit in diesem „Grenzland zwischen Einsamkeit und Gemeinschaft".[5] Ab und zu besuchen ihn Freunde: Max, Jiří Langer, Franz Werfel, Albert Ehrenstein, und – was ihm wieder schlaflose Nächte und neuerliche Unruhe bringt – auch Milena, die nach Prag gekommen ist.

(146) Jiří Mordechai Langer.

Beide spüren wohl, daß die Leidenschaftlichkeit ihrer Gefühle abgekühlt ist, aber eine tiefe innere Verbundenheit haben sie sich bewahrt, so daß er ihr bedenkenlos seine Tagebücher anvertraut. Und als sie wieder zurück nach Wien fährt, ist er unendlich traurig.

In den letzten drei Jahren hat Kafka kaum in sein Tagebuch geschrieben, nun beginnt er wieder damit, wobei er sich die Frage stellt, ob er dazu überhaupt noch fähig sei. Er nimmt auch sein zu Beginn des Jahres 1917 begonnenes Hebräischstudium wieder auf, geht ab und zu ins Theater, zu einem Vortrag des Rezitators Ludwig Hardt, den er überaus schätzt, und setzt sich mit pädagogischen Fragen auseinander. Nun, da er mehr Kontakt zu seinem Neffen Felix und zu den fünf Töchtern seiner Schwester hat, fühlt er sich geradezu verpflichtet, sich eingedenk seiner eigenen unglücklichen Kindheit um das Wohlergehen der Kinder zu sorgen, was er mit dem Kernsatz aus „Gullivers Reisen" zusammenfaßt: „Eltern darf man am wenigsten unter allen Menschen die Erziehung der Kinder anvertrauen."[6]

Auch an Robert Klopstocks Problemen nimmt er regen Anteil. Robert hält sich abwechselnd in Ungarn und in Matliary auf, wo er Gelegenheit hat, seine medizinischen Kenntnisse als Praktikant zu vertiefen. Er ist nach wie vor fest entschlossen, nach Prag zu übersiedeln, aber Kafka gibt ihm die freilich sehr

(147) Die Astronomische Uhr am Altstädter Rathaus in Prag.

Das Leben, das mich stört

(147)

subjektiv erlebten Nachteile der Stadt zu bedenken: „An einem warmen Nachmittag durch die innere Stadt zu gehn und sei es noch so langsam, ist für mich so, wie wenn ich in einem lange nicht gelüfteten Zimmer wäre und nicht einmal mehr die Kraft hätte, das Fenster aufzustoßen, um endlich Luft zu bekommen. Und hier ständig sein? Im Seziersaal? Im Winter, in geheizten, ungelüfteten Zimmern?"[7]

Immer wieder erkundigt er sich nach den Bekannten aus der Hohen Tatra, nach Frau Galgon, Szinay, Glauber, dem es gesundheitlich nicht gut geht, nach Holzmann, der nun in Heidelberg Medizin studieren will, und vor allem nach Irene Bugsch, die es sich in den Kopf gesetzt hat, eine Kunstakademie zu absolvieren. Obwohl er von ihrem Talent absolut nicht überzeugt ist („ein wahnwitziges Unternehmen") – bei der Vorstellung, daß man sie wahrscheinlich abweisen wird, möchte er sich schon jetzt „vor den Schrecken der Welt in ein Erdloch verkriechen" –, scheut Kafka keine Mühe, ihr zu helfen. Eine Gartenbauschule hält er für vernünftiger – er hat ja Minze Eisner und seine Schwester Ottla darin bestärkt, sich gärtnerisch ausbilden zu lassen und dabei nicht nur seine hohe Meinung von der Gesundheit körperlicher Arbeit, sondern auch seine Einstellung zur Emanzipation der Frauen dokumentiert. Trotzdem schreibt er schöne Empfehlungsbriefe, aber er meint, „noch schöner wäre es, sie zu zerreißen." Als ihm Irene mitteilt, daß sie an der Dresdner Akademie aufgenommen worden sei, hält er dies für ein wahres Wunder.[8]

Der Vergleich seines Lebens mit dem anderer Menschen – seien es nun seine Freunde, die um die Verwirklichung ihrer Wünsche kämpfen, oder junge Frauen und Ehepaare, denen er auf seinen Spaziergängen begegnet und die er um ihr Glück beneidet –, führt ihm sein eigenes Versagen immer wieder vor Augen. Er muß sich eingestehen, daß er seine Chancen nicht genützt hat und daß es also ungerecht ist, wenn er sich darüber beklagt, daß ihn „der Lebensstrom niemals ergriffen hat, daß (er) von Prag nie loskam, niemals auf Sport oder auf ein Handwerk gestoßen wurde und dergleichen – (er) hätte das Angebot wahrscheinlich immer abgelehnt, ebenso wie die Einladung zum Spiel ... wohl aus allgemeiner und besonders aus Willensschwäche..."[9] Er hat sich in aussichtslose Liebesbeziehungen verloren, er hat ein Studium gewählt, daß in keiner Weise seinen Neigungen entsprach, sein Beruf tyrannisiert seine Berufung – er hat „vieles durchgelitten in Gedanken": nun scheint er am Ende zu sein. Um seinen Kopf fliegt „immerfort der heimliche Rabe". Ringsum „Gefahr" und „kein Ausweg."[10]

(148) Prag, Blick vom Schönborngarten.

(148)

„Ansturm gegen die letzte irdische Grenze"[10a]

Das Jahr 1922 beginnt mit einem Nervenzusammenbruch, der Kafka „grenzenlos verzweifeln" läßt. Es ist ihm unmöglich, zu schlafen, zu wachen, „das Leben, genauer die Aufeinanderfolge des Lebens, zu ertragen."

Milena ist wieder bei ihm gewesen, sie war „zwar lieb und stolz wie immer ... aber doch auch etwas müde, etwas gezwungen", so daß er ihren Besuch als deprimierenden Krankenbesuch empfunden hat. Nun fragt er sich, ob sie „in den Tagebüchern etwas Entscheidendes gegen (ihn) gefunden" haben könnte, das ihr distanziertes Verhalten erklären würde. Dadurch verstärkt sich sein Gefühl schrecklicher Einsamkeit, die „jetzt ganz unzweideutig ... auf das Äußerste" geht. „Sie kann", dies scheint ihm am zwingendsten, „zum Irrsinn führen."[11]

Am 26. Jänner wird sein Urlaub bis Ende April verlängert, so daß er nach Spindelmühle im Riesengebirge fahren kann. Aber inmitten der Hotelgesellschaft wird ihm noch mehr bewußt, wie verlassen er ist, nicht nur von den Menschen, es wäre nicht das Schlimmste, ihnen könnte er nachlaufen, solange er lebte, sondern von seiner „Kraft in Beziehung auf die Menschen." Die Tage verbringt er mit Spaziergängen, Skifahren und Rodeln, die Nächte „schlaflos bis zur Verzweiflung", mit Gedanken, die sich immer wieder um das eine drehen: „Warten auf die Lungenentzündung." Zynisch bemerkt er: „Jedem Kranken sein Hausgott, dem Lungenkranken der Gott des Erstickens."[12]

Die Luft- bzw. Ortsveränderung bringt keine Besserung, ebensowenig der Arzt, zu dem er im Grunde nur eine Honorarbeziehung hat. Ende Februar fährt er wieder zurück nach Prag. Er fühlt sich so schlecht, daß er einige Tage im Bett bleiben muß. Am 6. März erlebt er seinen schlimmsten Abend, so, als sei diesmal wirklich alles zu Ende. Und drei Tage später ein „neuer den Schweiß aus der Stirn treibender Angriff", Angstträume und das bittere Gefühl beim Nachlassen der Schmerzen, immer „wieder nur gesund, nicht mehr" zu sein.[13] Die einzige Möglichkeit, sich „vor dem, was man Nerven nennt, zu retten", sieht er seit langem wieder im Schreiben. „Wenigstens für ein Jahr" möchte er sich „mit einem Heft verstecken und mit niemandem sprechen."[14]

Inzwischen nimmt Klopstocks Prag-Reise konkrete Formen an. Er hat bereits um die tschechische Staatsbürgerschaft angesucht und mit Hilfe Kafkas, der sich vergeblich bemüht hat, dem Freund Prag auszureden, die Aufenthaltsbewilligung

(149) „Gasthof zur Elbe" in Spindelmühle.

(150, 151) Spindelmühle im Riesengebirge. Von Ende Januar bis Ende Februar 1922 verbringt Kafka hier seinen Erholungsurlaub.

Das Leben, das mich stört

(150)

(151)

erhalten. „Ich kann nur sagen, kommen Sie, treten Sie aus dem Sie ausdörrenden Matlar unter Menschen, ... die Sie ja, weit über Ihre eigenen Feststellungen hinaus, wunderbar zu behandeln, zu beleben, zu führen wissen und Sie werden leicht erkennen", warnt ihn Kafka, „daß dieses Phantom, ... das ich sein soll und vor dem ich zum Davonlaufen, zum ewigen Schweigen erschrecke (nicht etwa, weil es schrecklich an sich wäre, aber in Bezug auf mich), ... nicht existiert, sondern nur ein schwer erträglicher, in sich vergrabener, mit fremdem Schlüssel in sich versperrter Mensch, der aber Augen hat, zu sehn und sich über jeden Schritt vorwärts, den Sie machen werden, sehr freuen wird..."[15]

Anfang Mai inskribiert Klopstock nach fast zweijähriger Unterbrechung provisorisch an der Deutschen Universität. Die physiologischen Übungen für Anfänger belegt er bei Prof. Armin Tschermak-Seysenegg, der sich sehr für deutsche Studenten einsetzt und dessen in Wien lebender Bruder Erich als einer der drei Wiederentdecker der „Mendelschen Gesetze" berühmt geworden ist.

Da Klopstocks Wohnprobleme noch nicht gelöst sind, meldet ihn Kafka vorläufig bei sich an, bis er eine Unterkunft in der Bolzanogasse 7/II/12 findet.[16]

Kafka nimmt im Anschluß an seinen Erholungsurlaub seinen regulären Urlaub, so daß er seinen Dienst erst wieder am 12. Juni antreten muß. Dr. Kodym ist allerdings der Auffassung, daß sich der Gesundheitszustand Kafkas in der nächsten Zeit kaum bessern werde, und hält eine Heilung erst nach einigen Jahren für denkbar. Kafka beantragt am 7. Juni seine Versetzung in den provisorischen Ruhestand. Diesmal wird sein Ansuchen bewilligt. In einem Erlaß vom 30. Juni 1922 wird Kafka mit Wirkung vom 1. Juli pensioniert. So ist es ihm möglich, am 23. Juni nach Planá an der Luschnitz zu fahren, wo Ottla eine Wohnung gemietet hat. Zunächst geht es ihm gut wie immer unter der schwesterlichen Betreuung, aber bald stellen sich wieder „das niemals erfolglose Lauern auf den Lärm, die Verwirrung im Kopf, die Schmerzen in den Schläfen" ein, die einen neuerlichen Zusammenbruch am 4. Juli hervorrufen. Zwischen dem 15. und dem 20. Juli will er Oskar Baum in Georgental besuchen, aber er hat eine fürchterliche Angst vor der Reise und überhaupt vor jeder kleinsten Veränderung. „Im letzten oder vorletzten Grunde ist es ja nur Todesangst",[17] gesteht er dem blinden Freund. Ottla sucht diese Angst durch körperliche Schwäche zu erklären, aber Kafka begründet sie mit psychologischen Überlegungen: Es sei die schreckliche Angst zu sterben, weil er noch nicht gelebt habe, und die Angst, daß nun

(152) Budapest.

(153) Ärztliches Attest Dr. Kodyms vom 26. 4. 1922, in welchem die Arbeitsunfähigkeit Kafkas bestätigt wird:
Herr J. U. Dr. Franz Kafka wird von einer fortgeschrittenen Lungenkrankheit heimgesucht. Nach einer eingetretenen Besserung des Zustandes ist die Krankheit nun in relativem Stillstand. Der Kranke ist aber weiterhin untauglich, seinen Beruf auszuüben.
Man kann in absehbarer Zeit nicht erwarten, daß sich der Gesundheitszustand dermaßen bessert, daß Herr Dr. Kafka wieder in der Anstalt seinen Dienst antreten könnte.
in Prag am 26/IV. 1922

(154) Nationale Robert Klopstocks von der Karlsuniversität in Prag.

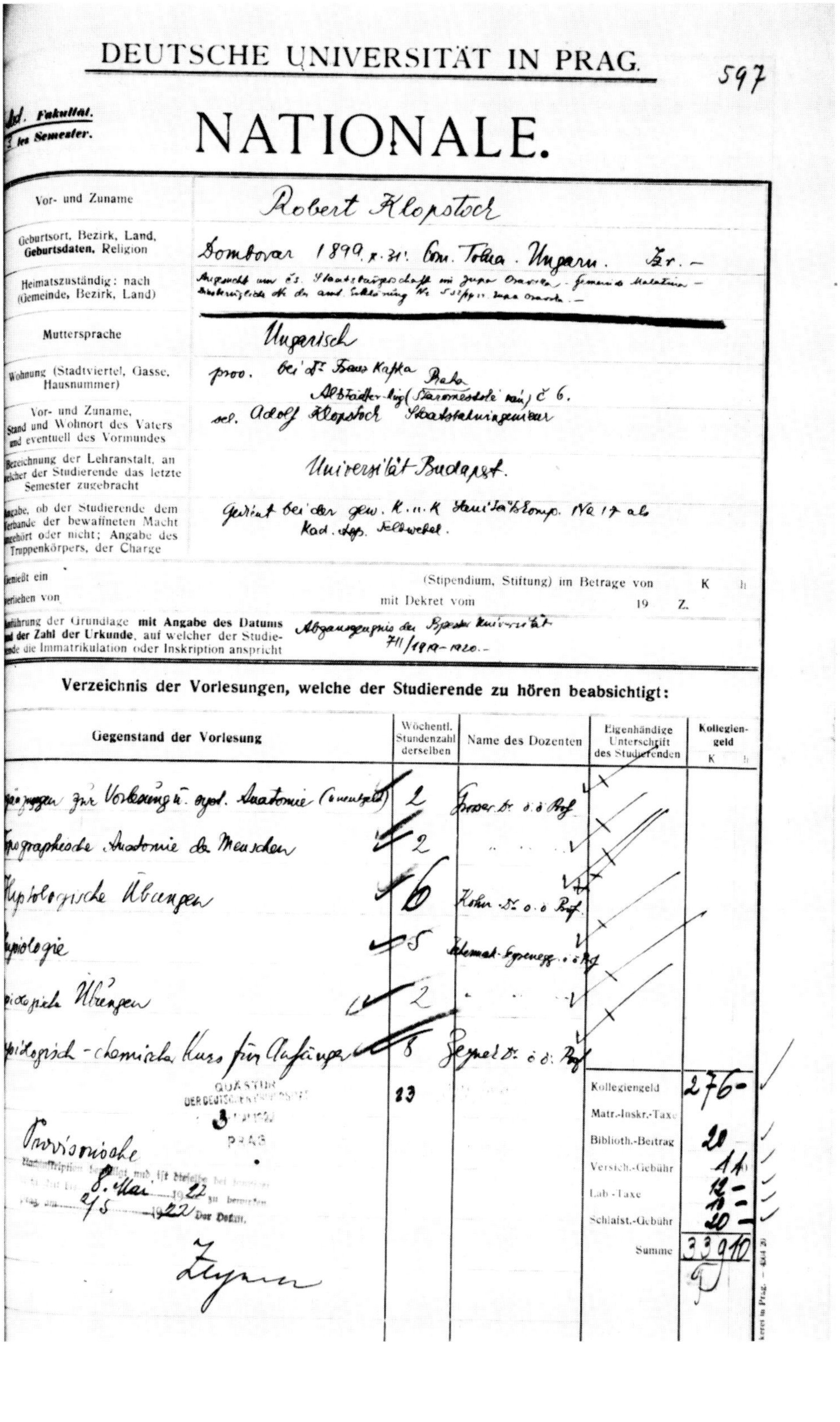

DEUTSCHE UNIVERSITÄT IN PRAG.

NATIONALE.

597

Vor- und Zuname	Robert Klopstock
Geburtsort, Bezirk, Land, Geburtsdaten, Religion	Dombovar 1899. X. 31. Com. Tolna. Ungarn. Is. —
Heimatszuständig: nach (Gemeinde, Bezirk, Land)	[handwritten entry]
Muttersprache	Ungarisch
Wohnung (Stadtviertel, Gasse, Hausnummer)	prov. bei d. Dr. Franz Kafka Prag Altstädter-Ring (Staroměstké nám.) č. 6.
Vor- und Zuname, Stand und Wohnort des Vaters und eventuell des Vormundes	sel. Adolf Klopstock Staatsbauingenieur
Bezeichnung der Lehranstalt, an welcher der Studierende das letzte Semester zugebracht	Universität Budapest.
Angabe, ob der Studierende dem Verbande der bewaffneten Macht angehört oder nicht; Angabe des Truppenkörpers, der Charge	Gedient bei der gew. K.u.K. Sanitäts-Komp. No 17 als Kad. Asp. Feldwebel.
Genießt ein ... verliehen von	(Stipendium, Stiftung) im Betrage von K h mit Dekret vom 19 Z.
Anführung der Grundlage mit Angabe des Datums und der Zahl der Urkunde, auf welcher der Studierende die Immatrikulation oder Inskription anspricht	Abgangszeugnis der Pester Universität 711/1919–1920. —

Verzeichnis der Vorlesungen, welche der Studierende zu hören beabsichtigt:

Gegenstand der Vorlesung	Wöchentl. Stundenzahl derselben	Name des Dozenten	Eigenhändige Unterschrift des Studierenden	Kollegien-geld K h
... zur Vorlesung ü. exp. Anatomie (...)	2	Fischer Dr. ö.ö. Prof.	✓	
Topographische Anatomie des Menschen	2		✓	
Histologische Übungen	6	Kohn Dr. o.ö. Prof.	✓	
...ologie	5	...yerezz. ö.ö. Prof.	✓	
...che Übungen	2		✓	
...logisch-chemische Kurs für Anfänger	8	Sepsed Dr. ö.ö. Prof.	✓	
	23			

Kollegiengeld	276 —
Matr.-Inskr.-Taxe	20
Biblioth.-Beitrag	10
Versich.-Gebühr	12 —
Lab.-Taxe	—
Schlaist.-Gebühr	20
Summe	339 10

Provisorische

8. Mai 1922
2/5 1922

(154)

wirklich geschehen werde, was er gespielt habe: „Mein Leben lang bin ich gestorben und nun werde ich wirklich sterben."[18]

Soll er absagen? Wenn er sich dazu entscheidet, wird es für ihn keine Möglichkeit mehr geben, aus Böhmen auszureisen, befürchtet er. „... nächstens werde ich dann auf Prag eingeschränkt, dann auf mein Zimmer, dann auf mein Bett, dann auf eine bestimmte Körperlage, dann auf nichts mehr. Vielleicht werde ich dann auf das Glück des Schreibens freiwillig ... verzichten können."[19]

Am 5. Juli telegrafiert er an Oskar, daß er nicht kommen kann.

Ottla beabsichtigt, am 1. September nach Prag zurückzureisen. Kafka hat damit nicht gerechnet. Was soll er allein in Planá? Außerdem ist es ihm nicht angenehm, im Gasthaus essen zu müssen, nachdem er von Ottla so verwöhnt worden ist. Und immer diese Angst. Er kann sich auch mit dem Schreiben nicht davon loskaufen. Die Weiterarbeit am „Schloß"-Roman will nicht gelingen, die Nerven lassen ihn abermals im Stich, so daß es Ende August wieder zu einem Zusammenbruch kommt, der sich um den 9. September wiederholt. Dieser vierte Zusammenbruch wird durch das völlig unvorhersehbare Angebot der Zimmerwirtin ausgelöst, ihm das Essen zu machen. Sie war bisher „formell freundlich, aber kalt, böse, hinterlistig" gewesen, und nun steigert sich ihre plötzliche, ganz unerklärbare Offenheit und Herzlichkeit geradezu ins Verdächtige.[20]

Da Kafkas Vater erkrankt ist, fährt er für vier Tage nach Prag, um ihn zu besuchen, aber von der kurzen Zeit in der Stadt hat er genug, während sich Klopstock dort ganz wohlzufühlen scheint. Er möchte in Prag weiterstudieren, aber Kafka rät ihm zu Berlin, wo sich Max Brod zur Zeit öfter aufhält als in Prag. An Empfehlungen würde es ihm nicht fehlen. Max, Felix Weltsch und Ernst Weiß sind bereit, sich für den angehenden Mediziner einzusetzen. „Der Wert von Prag ist fragwürdig",[21] gibt Kafka zu bedenken, aber Klopstock weiß, was er will, und bleibt.

Da sich Kafka in Planá kaum erholt hat, fährt er am 19. September zurück. Die Fürsorge der Familie, auf die er nun gänzlich angewiesen ist, empfindet er als bedrückende Niederlage, die Begegnungen mit seinen Freunden als Belastung. „Allein lebe ich noch, kommt aber ein Besuch, tötet er mich förmlich, um mich dann durch seine Kraft wieder lebendig machen zu können, aber soviel Kraft hat er nicht."[22] Nach langer Zeit besucht ihn Franz Werfel in Begleitung von Otto Pick. Bei dieser Gelegenheit kritisiert Kafka Werfels Trauerspiel „Schweiger", das ihn „abscheulich im Abscheulichsten" trifft, aufs hef-

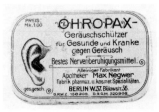

(155) Gegen seine extreme Lärmempfindlichkeit hilft sich Kafka mit „Ohropax', ... dessen Besitz zumindest ein wenig tröstet". An Robert Klopstock schreibt er: „Stille, Stille würde ich brauchen ... Ohne Ohropax bei Tag und Nacht ginge es gar nicht." Selbst das sonntägliche Waldhornblasen eines Bauernjungen läßt ihn leiden, und traurig fragt er sich: „Warum stört jede Freude des einen die Freude des andern"?

Das Leben, das mich stört

(156) Planá an der Luschnitz. Ottla hat hier für ihren Mann und ihre einjährige Tochter eine Ferienwohnung gemietet, in die am 23. Juni 1922 auch Kafka einzieht, um bis zum 19. September hier zu bleiben und an seinem „Schloß"-Roman zu arbeiten.

(157) Planá. Dorfbrücke.

(158) An der Luschnitz.

tigste, so daß er sich kurz danach die größten Vorwürfe macht, den Freund und Otto Pick, den er in seiner Aufregung kaum bemerkt hat, beleidigt zu haben. „Aber ich konnte nicht anders und schwätzte mir ein wenig Ekel vom Herzen", rechtfertigt er sich vor Max. Der gutmütige Werfel hält trotzdem an seiner Einladung nach Venedig fest, aber Kafka wagt es nicht, sie anzunehmen; der Arzt verbietet ihm die Reise, er hat auch zu wenig Geld; im übrigen scheint ihm der Sprung vom „Ausgestrecktsein im Prager Bett zu dem aufrechten Herumgehn auf dem Markusplatz" zu weit. Und die Vorstellung, in Gesellschaft essen zu müssen „(ich kann nur allein essen), das verweigert sogar die Phantasie."[23]

In diesem Herbst erreicht Kafkas Beziehungsschwäche ihren Höhepunkt. Gegen Ende des Jahres stellen sich Magen- und Darmkrämpfe mit hohem Fieber ein, so daß er lange Zeit fast ausschließlich ans Bett gebunden ist.

(159) Einband von Otto Picks Gedichtband „Freundliches Erleben", der 1912 im Axel Juncker Verlag, Berlin, erschienen ist.

Der letzte Fluchtversuch aus den Fesseln Prags

Zu Beginn des Jahres 1923 steigert sich Kafkas Schlaflosigkeit bis an die Grenze des Unerträglichen, so daß er, der bislang jede medikamentöse Behandlung abgelehnt und verachtet hat, sogar zu Schlafmitteln greift, um den qualvollen Zustand zu beenden. Sein Befinden ist so trostlos, daß er sich mit letzter Kraft zu einem Entschluß aufrafft, der den Wochen größter Einsamkeit, lähmender Eintönigkeit und hilfloser Angewiesenheit auf die Familie ein Ende bereiten soll. Er denkt an eine vollkommene Veränderung, an etwas „Radikales", zum Beispiel an Palästina, das er früher schon einmal ins Auge gefaßt hat – ein Abenteuer, das ihn aus seiner Isolation reißen soll. Er besinnt sich auf seinen ehemaligen Schulkollegen Hugo Bergmann, der seit 1920 in Jerusalem lebt und mit dem er schon vor Monaten darüber gesprochen hatte. Bergmann erklärt sich bereit, Kafka bei sich aufzunehmen, ein „verlockendes und aufregendes" Angebot, das ihn beflügelt, seine Hebräischstudien mit Eifer fortzusetzen.

Um seine Reisefähigkeit „nach vielen Jahren der Bettlägrigkeit und der Kopfschmerzen" zu prüfen,[24] fährt er Anfang Mai für einige Tage nach Dobřichovice und Anfang Juli mit seiner Schwester Elli und ihren Kindern ins Ostseebad Müritz. Das Meer begeistert ihn, hebt ein wenig seine Lebensfreude, so daß er sich zwar nicht gerade glücklich, aber immerhin „vor der Schwelle des Glücks"[25] fühlt. In der unmittelbaren

(160) Franz Werfel.

(161) Otto Pick, Lyriker und Erzähler, Übersetzer František Langers, Čapeks u.a., Redakteur der „Prager Presse".

(162) Dobřichovice, wo Kafka Anfang Mai 1923 ein paar Tage verbringt.

(160)

(161)

(162)

Nähe seines Hotels befindet sich eine Ferienkolonie des Berliner jüdischen Volksheimes. Die gesunden, fröhlich-leidenschaftlichen Kinder machen ihm Freude, die ganze Gegend ist halbe Tage und Nächte lang erfüllt von ihrem Gesang, und ihr Spiel, dem er durch die Bäume vor seinem Balkon zusehen kann, entzückt ihn. Als er bei einer Theateraufführung der Kinder die Helferin Tile Rössler beobachtet, sucht er eine Begegnung am Strand mit ihr. Die Kolonie interessiert ihn. Das junge Mädchen lädt ihn daraufhin zu den wöchentlichen Sabbatfeiern im Volksheim ein, an denen er voll Eifer teilnimmt, dies umso mehr, als ihm gleich am Anfang ein dunkelhaariges Fräulein auffällt, das ihn fasziniert: Dora Diamant, eine etwa 25jährige Polin, „ein wunderbares Wesen", das die Küche leitet und das er nun täglich besucht. Auch Dora ist sofort tief beeindruckt von ihm. Sein lockerer Gang, dabei ein wenig schlenkernd und den Kopf etwas zur Seite geneigt – er könnte ein Indermischling sein, vermutet sie. Sie, die „aus dem Osten kommt, ein dunkles ahnungsvolles Etwas, wie aus einem Dostojewskijbuch entlaufen", glaubt an die Einheit des Menschen und der Schöpfung. Als sie Kafka zum ersten Mal sieht, entspricht er ganz dem Bild ihrer Vorstellung, bis sie erkennt, daß auch ihm etwas fehlt. Es ist ihr, als erwarte er etwas von ihr.[26] Und es sieht ganz so aus, als erfülle sie diese Erwartung.

Vorläufig scheint Kafka also den Gespenstern, die ihn verfolgen, entkommen zu sein. „... man sieht förmlich, ... wie sie ratlos dastehn"; freilich nicht lange, „sie scheinen schon die Spur zu haben", denn Ende Juli gefällt es ihm in Müritz schon nicht mehr so gut wie früher. Er weiß selbst nicht genau, woran das liegt: an seiner Müdigkeit, der Schlaflosigkeit, an den Kopfschmerzen oder an seiner Ruhelosigkeit. „Vielleicht darf ich nicht zu lange an einem Ort bleiben", schreibt er an Klopstock, „es gibt Menschen, die sich ein Heimatgefühl nur erwerben können, wenn sie reisen." Der Palästina-Plan rückt wieder in weitere Ferne, „Lockung und Unmöglichkeit" zugleich halten ihn fest, aber immerhin – „die Hoffnung bleibt für später."[27]

Vorerst will er, sozusagen als Übergangslösung, als provisorischer Versuch, mit Dora nach Berlin übersiedeln. Den Entschluß, wieder einmal ein gemeinsames Leben mit einer Frau zu versuchen, faßt er erstaunlich schnell. Dora muß wirklich etwas ganz Besonderes an sich haben, das ihn all seine Vorsätze, sein Leben in Zukunft „vor Frauen zu behüten", vergessen läßt.[28]

Am 9. August kehrt Kafka nach einer kurzen Zwischenstation in Berlin zwar nicht erholt – er hat abgenommen und wiegt jetzt nur 54,5 Kilogramm –, aber hoffnungsfroh nach

(163) Dora Diamant (Dymant). Kafka lernt die aus Brzezin stammende Polin während seines Aufenthaltes in Müritz an der Ostsee im Juli 1923 kennen.

(164) Berlin. Unter den Linden.

(165) Berlin. Friedrichstraße. Hier besucht Kafka ein vegetarisches Restaurant, das verhältnismäßig billig ist. Er schreibt an Max Brod, daß er sich keine Sorgen zu machen brauche, Essen gäbe es noch genug in Berlin und sogar recht gutes. Sein Menü: „Spinat mit Setzei und Kartoffeln (ausgezeichnet, mit guter Butter gemacht), dann Gemüseschnitzel, dann Nudeln mit Apfelmus und Pflaumenkompott, dann ein Pflaumenkompott extra, dann einen Tomatensalat und eine Semmel." Alles zusammen „mit übermäßigem Trinkgeld etwa 8 Kronen."

(164)

(165)

Prag zurück. Er nützt die Gelegenheit, mit Ottla ein paar Tage später nach Schelesen zu fahren. Aber der Landaufenthalt bringt keine Besserung. Kein Tag vergeht ohne irgendeinen „größeren Mangel", er hat Fieber und Angst, Angst gewiß auch davor, nicht nach Berlin reisen zu können. Soll er warten, bis sich sein Zustand weiter verschlimmert? Am 22. September kehrt er nach Prag zurück.

Jetzt wird er beweisen, daß er sehr wohl in der Lage ist, sich mit seinen vierzig Jahren endlich selbständig zu machen, dieser Stadt, die ihn krank gemacht hat mit all ihren bösen Dämonen, endgültig den Rücken zu kehren. Sein Entschluß, alle Bindungen zu zerreißen, steht unwiderruflich fest. Er packt seine Sachen und eilt, allen Einwänden der Familie erfolgreich Widerstand leistend, am 24. September nach Berlin. Freilich eine „tollkühne Tat", die er selbst mit dem „Zug Napoleons nach Rußland" vergleicht.[29]

Zunächst bezieht Kafka mit Dora eine Wohnung in Steglitz in der Miquelstraße 8 und Mitte November eine in der Grunewaldstraße 13.[30] Nun ist er endlich frei und reif genug für jenes ersehnte Glück, das ihm für sich selbst niemals vorstellbar schien und das er sich doch immer als Höhepunkt eines erfüllten Lebens erträumt hat. Nun kann er endlich daran denken, in einer glücklichen Beziehung Halt und Festigkeit zu finden. Schon glaubt er, die Krisen überwunden zu haben, spricht davon, daß er den Dämonen endlich entkommen sei. „Jetzt suchen sie mich, finden mich aber nicht, wenigstens vorläufig nicht."[31] Das erste Mal seit langer Zeit schläft er gut, er ist in bester Stimmung und findet die Idee, nach Berlin gezogen zu sein, großartig, ja ungeheuerlich.

Aber die Dämonen wüten erbarmungslos weiter. Der schreckliche Inflationswinter wird den Dichter endgültig niederwerfen. Die Not der Armen greift ihm ans Herz, die eigenen Entbehrungen verschlimmern sein körperliches Befinden – darüber kann auch sein seelisches Gleichgewicht nicht hinwegtäuschen. Die unheimliche Teuerung in Berlin zwingt ihn zu Verzicht. Er kann die Stromrechnung nicht bezahlen, so daß er mit einer Petroleumlampe vorlieb nehmen muß, kann sich keine Tageszeitungen mehr leisten und ist angewiesen auf Lebensmittelpakete von seiner Familie und von den Freunden. Er hat sich das Leben hier leichter vorgestellt. Vor allem fehlen ihm Max Brod, Felix Weltsch und Oskar Baum. Der nahezu einzige seiner Freunde, zu denen er in Berlin Kontakt hat, ist Ernst Weiß, der Dichterarzt. Manchmal besucht er die Hochschule für jüdische Wissenschaft, ein schöner und gleichzeitig merkwürdiger Ort „bis zum Grotesken und darüber hinaus bis zum

(166) Antwort der Direktion der Arbeiter-Unfall-Versicherungs-Anstalt vom 18. 1. 1924:
Kontor-Erinnerungsschreiben Herrn J. U. Dr. Kafka, Obersekretär der Anstalt im Ruhestand, derzeit in Berlin-Steglitz, teilen wir mit, daß von der Direktion der Anstalt seinem Gesuch vom 20. Dezember 1923, die Zusendung seiner Pensions- und Versorgungsbezüge direkt an seine Eltern, H. Hermann Kafka und Fr. Julie Kafka in Prag I., Altstädterring Nr. 6/III. Stock, stattgegeben wurde, wenn er eine einfache Erklärung, daß er seine Herren Eltern für den Empfang bevollmächtigt, und außerdem jeden Monat oder auch für mehrere Monate – ganz nach Belieben – von dem dortigen Polizeiamt eine beglaubigte Lebensbestätigung vorlegt, die mit dem Ersten oder einem der darauffolgenden Tage dieses Monates datiert sein muß, woraufhin ihm die Pensionsbezüge überwiesen werden sollen . . .

(167) Schreiben Kafkas an die Direktion vom 8. 1. 1924:
An die löbliche Direktion der Arbeiter-Unfall-Versicherung für Böhmen in Prag!
Mit Bezug auf die werte Zuschrift der dortigen Direktion vom 31. XII. 1152/23, für die ich mich auf's höflichste bedanke, gebe ich hiemit meinen Eltern, Her˚man und Julie Kafka, Prag, Altstädterring Nr. 6, III. Stock, die Vollmacht, damit sie die Auszahlung meiner Pensionsbezüge entgegennehmen können . . .

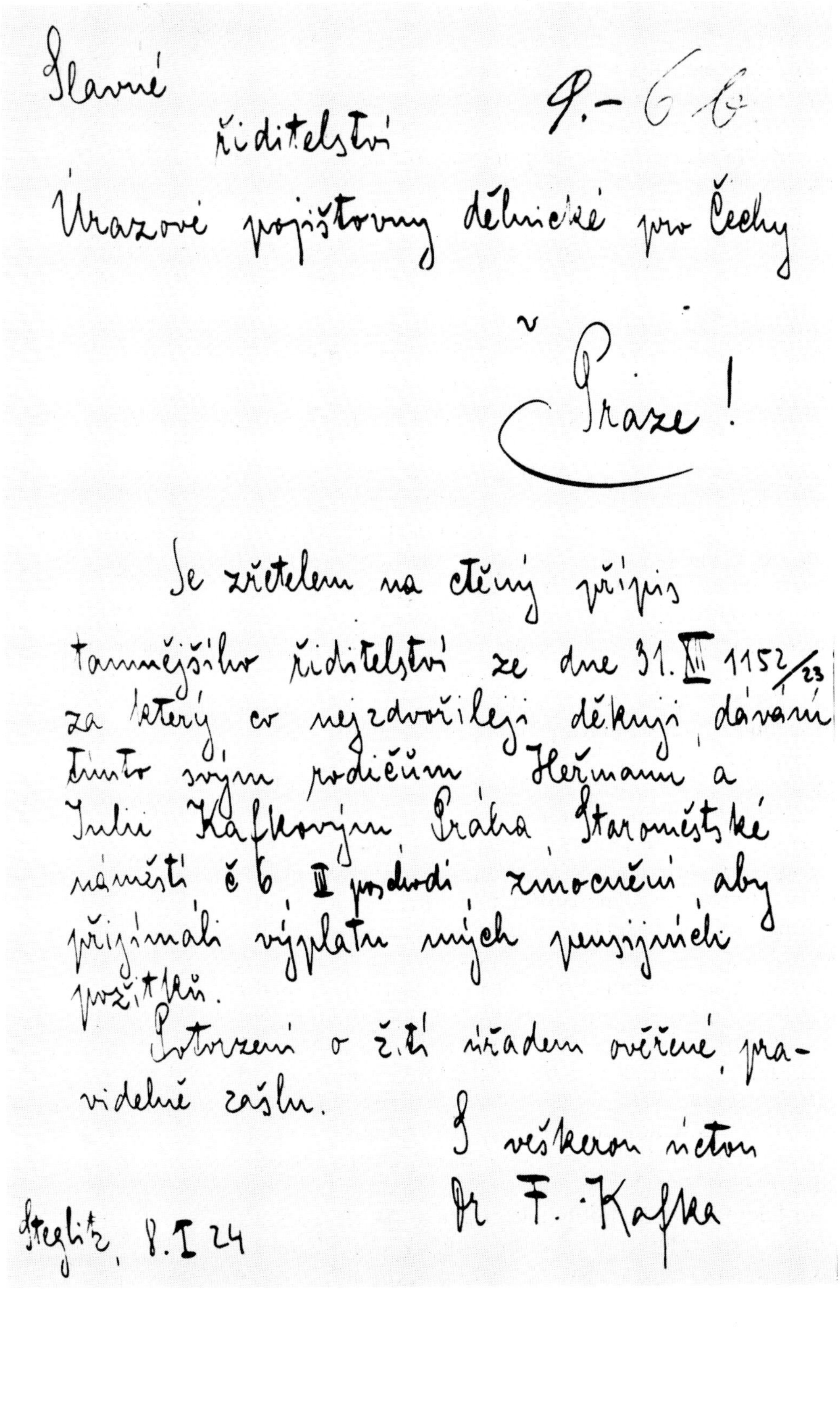

Slavné
ředitelství   9.-66
Úrazové pojišťovny dělnické pro Čechy

Praze!

Se zřetelem na ctěný přípis tamnějšího ředitelství ze dne 31. XII 1152/23 za který co nezdvořileji děkuji dávám tímto svým rodičům Heřmann a Julii Kafkovým Praha Staroměstké náměstí č 6 III poschodí zmocnění aby přijímali výplatu mých pensijních požitků.

Potvrzení o žití úřadem ověřené pravidelně zašlu.

S veškerou úctou
Dr F. Kafka

Steglitz, 8.I 24

unfaßbar Zarten", mit schönen Hörsälen, prächtigen Bibliotheken, wenigen Schülern und vor allem gut geheizt: ein „Friedensort in dem wilden Berlin und in den wilden Gegenden des Innern." Im übrigen verbringt er den Großteil seiner Tage zu Hause, häufig fiebernd und mit einem „löwenmäßig frisierten Kopf", in dem allerlei trübe Gedanken herumspuken.³² In einer dieser Berliner Winternächte schreibt er den „Bau", und als die „Burg" im Bau bezeichnet er Dora. Diese Novelle ist wohl eine Vorahnung seiner Rückkehr ins Vaterhaus, das Ende seiner Freiheit. Einige der Texte, die er hier geschrieben hat, betrachtet er lediglich als Versuch, sich von den Gespenstern als Symbol aller Qualen zu befreien, und nicht als literarisches Vermächtnis. Deshalb bittet er Dora, sie zu vernichten. Sie respektiert seinen Wunsch und verbrennt sie vor seinen Augen.³³

Gegen Ende des Jahres verschlimmert sich Kafkas Zustand bedenklich, so daß ihm Max rät, irgendwohin ins „warme satte Böhmen" zu fahren, vielleicht wieder nach Schelesen. Aber das kommt für ihn gar nicht in Frage. „Schelesen ist Prag, außerdem hatte ich Wärme und Sattheit 40 Jahre." Und was hatte er davon? Prag hat ihm weder Glück noch Erfolg gebracht, Prag hat ihn krank gemacht – ein „Ergebnis", das „nicht für weitere Versuche verlockend" ist. Es wäre nur eine riskante Fahrt ins „Unsichere". Außerdem tröstet er sich damit, daß „die schweren Nachteile Berlins immerhin eine erfreuliche und erzieherische Wirkung haben." Im übrigen spricht auch sein schlechter Gesundheitszustand vorläufig gegen jede Reise. Er karikiert sein „hinfälliges Wesen" mit Worten, als hätte er einen Zeichengriffel in der Hand: Links wird der Kranke von Dora gestützt, rechts von einem Mann, etwa von Max, den er gern bei sich haben möchte, „den Nacken könnte ihm z. B. irgendein ‚Gekritzel' streifen". Alles ginge leichter, „wenn jetzt nur noch der Boden unter ihm gefestigt wäre, der Abgrund vor ihm zugeschüttet, die Geier um seinen Kopf verjagt, der Sturm über ihm besänftigt" ... würde.³⁴ Aber der Sturm legt sich nicht.

Das Jahr 1924 beginnt mit starkem Fieber und Schüttelfrost, aber die enormen Arztkosten erschrecken Kafka mehr als sein Gesundheitszustand. „Situationen zum Schreiben sind das nicht", klagt er. Ein kurzer Text ist ihm aber doch gelungen: „Eine kleine Frau". Er hat hier die tristen Zustände in seiner ersten Berliner Wohnung verarbeitet, die er wegen der Wirtin verlassen hat: „Nur aus Widerwillen, aus einem nicht aufhörenden, ewig sie antreibenden Widerwillen beschäftigte sie sich mit mir", heißt es dort.³⁵

(168) Die Hochschule für jüdische Wissenschaft in Berlin, in deren Räumen sich Kafka überaus wohlfühlt.

(169) Gedenktafel am Haus Grunewaldstraße 13.

(170) Botanischer Garten in Berlin-Steglitz, den Kafka während seines Berliner Aufenthaltes besucht.

(171) Innenansicht des Palmenhauses im Botanischen Garten in Berlin.

(172) Grunewaldstraße 13 in Berlin-Steglitz. Kafka wohnt hier vom 15. 11. 1923 bis 1. 2. 1924.

Das Leben, das mich stört 93

(170)

(171)

(172)

Und ausgerechnet jetzt, wo sein Zustand von Tag zu Tag schlechter wird, wird er abermals als armer zahlungsunfähiger Ausländer aus seinem bescheidenen, aber doch schönen Nest vertrieben, das ihm gerade genug Herzwärme gegeben hat, um nicht ganz zu verzweifeln. Am 1. Februar zieht er bei der Witwe des 1918 verstorbenen Schriftstellers Dr. Carl Busse in der Heidestraße 25–26, Berlin Zehlendorf, ein.[36] Trotz Doras Fürsorge erholt er sich nicht. Das Fieber geht nicht zurück, er beginnt zu husten und kann die Wohnung nicht mehr verlassen. Er hätte gern einen Vortragsabend Ludwig Hardts besucht, so muß er den verehrten Rezitator nun bitten, zu ihm zu kommen – ein erfreulicher Lichtblick in seiner erbärmlichen Lage.

Äußerst beunruhigt berichtet Dora Kafkas Eltern von den bedrohlichen Krankheitssymptomen des Sohnes. Von der besorgten Familie alarmiert, eilt der Arzt Dr. Siegfried Löwy nach Berlin, um sich über den Zustand seines Neffen Klarheit zu verschaffen. Er ist entsetzt. Mit Mühe und Not gelingt es ihm, Kafka zu überreden, endlich wieder ein Lungenheilsanatorium aufzusuchen. Damit nimmt der Berliner Aufenthalt, in den Kafka so große Hoffnungen gesetzt hat, nach einem halben Jahr ein bitteres Ende.

Max Brod, der zu der Theaterpremiere von Janačeks Oper „Jenufa" nach Berlin kommt, zwingt den Freund, am 17. März mit ihm nach Prag zurückzufahren. Dora, die Kafka nicht mit seiner Vergangenheit konfrontieren will, bleibt zunächst in Berlin.

Die Rückkehr in das elterliche Haus empfindet Kafka als endgültiges Scheitern seiner Selbständigkeitspläne. Im Bewußtsein der alles in Frage stellenden Bedrohung durch das Unabwendbare schreibt Kafka seine letzte Erzählung „Josefine die Sängerin oder das Volk der Mäuse" und befreit sich damit von jenem Erlebnis in Zürau, das ihm damals schlaflose Nächte bereitet hat. Gleichzeitig ist dieser Text ein neuerlicher Versuch der Auseinandersetzung mit der Stellung des einzelnen zur Gesellschaft und mit dem Vater-Kind-Verhältnis, geprägt von den Reflexionen des Juden zum Judentum und von der Ahnung des Kranken, daß eine Rückkehr ins Leben nicht mehr möglich ist: Das „Volk ... herrisch, eine in sich ruhende Masse ... zieht weiter seines Weges. Mit Josefine aber muß es abwärts gehn." Ihr Verstummen ist absehbar, und bald wird sie, befreit „von der irdischen Plage..., in gesteigerter Erlösung vergessen sein wie alle ihre Brüder." – Eine kleine Episode, schon zu Lebzeiten kaum mehr „als eine bloße Erinnerung", ein „Schicksal,

(173) Carl Busse, Arzt und Schriftsteller.

(174) Berlin-Zehlendorf, Heidestraße. Kafka ist Untermieter bei der Witwe des Schriftstellers Dr. Carl Busse im Haus Nr. 25–26 (Aufnahme von 1975).

(175) Ludwig Hardt, einer der besten Rezitatoren seiner Zeit, Thomas Mann nennt ihn einen „vollkommenen Meister des Wortes", ihn zu hören „ist ein großes, seltsames Erlebnis", trägt wesentlich dazu bei, daß die Bedeutung der Werke Kafkas zumindest von Kritikern und Kollegen erkannt wird.

(176) Rudolf Kayser. Schriftsteller, Dramaturg, Redakteur der „Neuen Rundschau", Berlin. Kafka setzt sich bei ihm für die Veröffentlichung einer Erzählung seines Freundes Oskar Baum ein.

(177) Willy Haas. Herausgeber der „Herderblätter", in denen 1912 Beiträge von Werfel und Kafka erschienen sind.

(178) Ernst Weiß. Arzt und Schriftsteller. Er gehört zu den wenigen, die Kafka in Berlin besuchen. Für ihn ist der kranke Freund ein lebenslang Kämpfender gegen den Wahnsinn.

(175) (176)
(177) (178)

das in unserer Zeit nur ein sehr trauriges werden kann"; ein Künstlerdasein geht seinem Ende zu.

Als Kafka mit der letzten Seite fertig ist, sagt er zu Robert: „Ich glaube, ich habe zur rechten Zeit mit der Untersuchung des tierischen Piepsens begonnen. Ich habe soeben eine Geschichte darüber fertiggestellt."[37]

Noch am selben Abend fühlt er ein Brennen im Hals, besonders nach dem Genuß von Fruchtsäften. Da 38 Grad Fieber zur Gewohnheit geworden sind und er nun von ständigem Husten geplagt wird, stellt er sich die Frage, ob der Kehlkopf angegriffen sein könnte.

Noch kann er sich nicht entscheiden, ob er das Sanatorium in Grimmenstein in Niederösterreich dem in Ortmann vorziehen soll – am liebsten möchte er in keines von beiden. Aber bei seinen jetzigen Befürchtungen scheint ihm der Gedanke, „sich lebend-friedlich im Sanatorium zu begraben, gar nicht sehr unangenehm." Im Grunde weiß er ja, daß er nun keine andere Wahl mehr hat, denn seit langem ist er „für alles unfähig, außer für Schmerzen".[38]

(179) Michal Mareš. Journalist und Schriftsteller.

(180)

„UNMERKLICHES LEBEN. MERKLICHES MISSLINGEN"[1]

(180) Einer der letzten Spaziergänge Kafkas in Prag: auf dem Altstädter Ring. Im Hintergrund die Teinkirche.

Ende März kommt Dora aus Berlin. Wenn sich auch neben der Familie die besorgten Freunde Max und Robert Klopstock beinah täglich um Kafka kümmern, so ist sie ihm doch längst unersetzlich geworden.

Anfang April nimmt Kafka Abschied von seiner Haßliebe Prag. Noch einmal geht er, seine kleine Nichte Vera an der Hand, die sich ewig an die spitzen Knie des Onkels erinnern wird,[2] durch die Straßen und Gassen der Stadt. Auf dem Altstädter Ring, wo er mit Vera ein wenig Ball spielt, trifft er den Weiberhelden und Journalisten Michal Mareš, von Anton Kuh voll Verachtung als „alter Goi" bezeichnet. Kafka kennt ihn von verschiedenen Veranstaltungen eines Anarchistenverbandes, für den er sich vor Jahren einmal interessiert hat. Diesem Verband gehörten auch František Langer, Jaroslav Hašek und der Idealist Kachar Bouček an. Mareš, damals noch ein für alles Gefahrenumwitterte begeisterter Jüngling, hatte sich sehr geschmeichelt gefühlt, Bouček beim Verteilen anarchistischer Schriften helfen zu dürfen.[3] Weder Kafka noch er ahnen, daß dies ihre letzte Begegnung ist.

Während sich Hitler gerade überlegt, wie er die Festungshaft, zu der er eben verurteilt worden ist, nutzbringend verwenden könnte (er wird hier den ersten Teil seines Buches „Mein Kampf" schreiben), bereitet sich Kafka, bei dem inzwischen bedenkliche Stimmstörungen aufgetreten sind, auf seine Reise nach Niederösterreich vor.

(181) Bahnstation Pernitz, Niederösterreich.

(182) Straße ins Feichtenbachtal, in dem das Sanatorium Wienerwald liegt.

(183, 184) Aus dem Sanatoriumsprospekt.

Reiseverbindung.

Das Sanatorium liegt zirka 20 Minuten Wagenfahrt von der Station PERNITZ-MUCKENDORF der Leobersdorf-Gutensteiner Linie der k. k. Staatsbahnen entfernt. Man erreicht diese Station von Wien aus mit der Südbahn über Leobersdorf in zirka zwei Stunden. Bei der Fahrt vom Süden oder von Süd-Ungarn ist es zweckmäßig, von Wr.-Neustadt aus mit der Schneebergbahn weiterzureisen.

Tag und Stunde der Ankunft wolle man rechtzeitig vorher anmelden, eventuell telegraphisch oder telephonisch.

Auf Verlangen werden die Gäste durch den Anstaltswagen in PERNITZ abgeholt.

Sanatorium von Westen.

(183)

Die Anstalt ist auf der Internationalen Kurorte-Ausstellung in Wien 1903 mit der GROSSEN GOLDENEN MEDAILLE und auf der Hygienischen Ausstellung in Wien 1906 mit der GOLDENEN FORTSCHRITTSMEDAILLE prämiiert worden.

Waldpartie.

(184)

Das „böse" Sanatorium Wienerwald

Am 5. April fährt Kafka in Begleitung Doras nach Pernitz und von dort in das Sanatorium Wienerwald. Die Unterstützung anerkannter Internisten und Laryngologen aus Wien und dem Ausland, unter ihnen Nothnagel, Schrötter, Schlesinger, Jaksch-Wartenhorst und Balint schon in den Anfängen des Sanatoriumsbetriebs haben dieser Anstalt ihren ausgezeichneten Ruf gesichert, weshalb sich Kafka wahrscheinlich auch für sie entschieden hat. Dort ist am Beginn dieses Jahrhunderts zum ersten Mal ein künstlicher Pneumothorax im damaligen Österreich-Ungarn angelegt worden.[4]

Das Sanatorium liegt – etwa 75 Kilometer südlich von Wien – am Ende des Feichtenbachtales, eines Seitentals der romantischen Gutensteiner Bahnstrecke, und ist gänzlich abgeschlossen von der Betriebsamkeit der Außenwelt. Eingebettet in Berge und Wälder, umgeben von einem herrlichen Park, erinnert es ein wenig an Thomas Manns „Zauberberg"; hat man aber erst einmal die Mauern des Gebäudes betreten, weicht der erste Eindruck von idyllischer Lieblichkeit dem Gefühl bedrückender Düsternis. Vielleicht verstärkt sich dieses Gefühl noch dadurch, daß der Großteil der Patienten aus dem Osten kommt, insbesondere aus den Balkanstaaten und aus der Türkei. Niedergeschlagen schreibt Kafka an Robert, daß es zu umständlich sei, dies näher zu erklären, nur das Medizinische sei hier erfreulich, „sein einziger Vorteil."[5]

Das Sanatorium wird von Dr. Arthur Baer und Dr. Hugo Kraus geleitet. Jeder von ihnen hat seine eigenen Patienten, so daß diese den anderen Arzt oft gar nicht kennen. Es scheint fast so, als herrsche eine gewisse Rivalität zwischen den beiden Männern, die auch privat nur wenig miteinander verkehren. Vielleicht mag das auch an ihren sehr unterschiedlichen Charakteren liegen. Dr. Baer, mittelgroß, dunkel, immer mit Zwikker, ist eine elegante Erscheinung und der gesellschaftlich Gewandtere, wenn auch der ernstere von beiden. Er ist introvertiert und pflegt nur selten einen persönlichen Kontakt zu den Kranken. Während seine Frau, eine kühl-vornehme gebürtige Russin, eine Dame von Welt, das gesellige Stadtleben vorzieht und aus diesem Grunde mit ihren beiden Töchtern Grete und Madlene viele Wochen in Wien verbringt, drängt es ihn, den begeisterten Jäger, hinaus in die stille Natur oder zu seinen Büchern – ein Paar, dessen Ungleichheit in den folgenden Kriegsjahren, die es zur Flucht zwingen, besonders offensichtlich wird. Dr. Kraus, ein gebürtiger Iglauer, ist gemütlich und

(185) Seite aus dem Patienten-Verzeichnis des Sanatoriums Wienerwald. (Im unteren Drittel ist Kafka eingetragen.)

(186) Sanatorium Wienerwald: hier liegt Kafka vom 5. bis 10. April 1924.

(187) Die beiden Besitzer des Wienerwald-Sanatoriums: Dr. Arthur Baer.

(188) Dr. Hugo Kraus.

(186)

(187)

(188)

kontaktfreudig, darüber hinaus sehr zielstrebig und geschäftstüchtig, das ganze Gegenteil seines Kollegen.⁶

Das Leben hier ist sehr diszipliniert. Die Diakonissenschwestern achten streng auf die Einhaltung der medizinischen Vorschriften, der geregelte Alltag wird durch nichts unterbrochen, es sei denn durch Ausflüge in die herrliche Umgebung, was für Kafka aufgrund seines schlechten Zustandes allerdings nicht in Frage kommt. Es ist daher kein Wunder, wenn er schreibt, „... es scheint ein großes Schwatznest zu sein von Balkon zu Balkon."⁷ In dieser Einöde, wo es weit und breit nicht einmal ein Geschäft gibt, in dem man Briefpapier kaufen könnte, und auch keine Gesellschaftsabende wie etwa in Davos, sind Gespräche die einzige Möglichkeit der Unterhaltung, um nicht ganz und gar trübsinnig zu werden. Auch Lotte Müller, die zur selben Zeit wie Kafka in diesem Sanatorium liegt, ohne von seiner Existenz etwas zu wissen, würde es hier nicht lange aushalten, hätte sie nicht das besondere Glück, mit der Familie Baer befreundet zu sein. So kommt sie in den Genuß verschiedener Vorrechte, die ihr den Aufenthalt leichter machen. Die Töchter des Arztes, ungefähr im selben Alter wie sie, laden sie oft ein und leihen ihr Bücher, und als sie dort Mister Ingham aus England kennenlernt, hat sie gar kein Bedürfnis nach anderer Gesellschaft als der seinen. Lotte glaubt, daß der Aufenthalt in einem so ruhigen Sanatorium geradezu ideal für einen Schriftsteller sein müsse.⁸

(189) Dr. Baer mit seiner Frau.

Im allgemeinen mag sie vielleicht recht haben – Stille hat sich Kafka immer gewünscht. Nun geht es ihm aber gesundheitlich so schlecht, daß von Schreiben gar keine Rede sein kann. Er kann nur noch flüstern, so daß sich sein Verdacht einer Kehlkopferkrankung erhärtet. Gegen das Fieber bekommt er dreimal täglich flüssiges Pyramidon, gegen Husten Demopon, das leider nicht hilft, und zusätzlich Anästhesiebonbons.

(190) Sanatoriumsgesellschaft.

Die Ärzte drücken sich nur vorsichtig aus. „In Worten erfährt man freilich nichts Bestimmtes, da bei Besprechung der Kehlkopftuberkulose jeder in eine schüchterne ausweichende starräugige Redeweise verfällt. Aber ‚Schwellung hinten', ‚Infiltration' ‚nicht bösartig' aber ‚Bestimmtes kann man noch nicht sagen', das in Verbindung mit sehr bösartigen Schmerzen genügt wohl", schreibt er an Robert. Das Fläschchen Codein, das ihm der Freund zur Linderung der Schmerzen gegeben hat, ist bereits leer, so daß er sich nun mit dem schwächeren Codein 0,03 begnügen muß. Er bekennt, daß er sich davor fürchtet. Hat er Angst, so die Schmerzen nicht mehr ertragen zu können, oder hat er Angst, süchtig zu werden? „Wie

(191) Apotheke.

(192) Patient unter der Höhensonne.

(191)

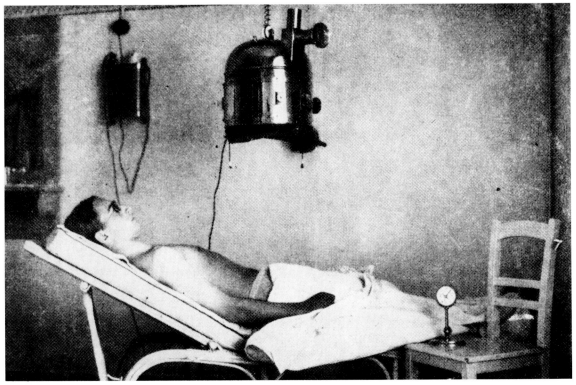

(192)

mags drinnen ausschaun?" fragt er die Schwester. Ihre Antwort ist gewiß keine Lüge, wenn sie meint: „Wie in der Hexenküche."[9]

Mit seiner Winterkleidung wiegt Kafka nur noch 49 Kilogramm. Er ist so schwach, daß ein künstlicher Pneumothorax für ihn nicht in Frage kommt. Er liegt die ganze Zeit über nur im Bett und leidet furchtbare Schmerzen, so daß er mit den übrigen Patienten gar nicht in Berührung kommt. Innerhalb weniger Tage schwillt der Kehlkopf so sehr an, daß Kafka große Schwierigkeiten beim Essen hat und weiter abmagert. Die schlimmsten Befürchtungen bewahrheiten sich. Die Ärzte stellen eine Alkoholinjektion in den Nerv in Aussicht, wahrscheinlich muß er sogar mit einer Resektion rechnen, aber dazu fehlt hier die Möglichkeit. Nach nur fünf Tagen Aufenthalt im Sanatorium Wienerwald wird also wieder eine Entscheidung notwendig.

(193) Lotte Müller (im Bild links), eine Mitpatientin Kafkas, und die beiden Töchter Dr. Baers, Madlene und Grete, bei einer Ausfahrt mit dem Pferdewagen der Anstalt.

(194) Lesesaal.

(195) Aufenthaltsraum.

(196) Speisesaal.

(197) Dr. Baer mit einer Diakonissenschwester.

(198) Lufthütte.

(199) Liegehalle.

(193)

DAS LEBEN, DAS MICH STÖRT

(194)

(195)

(196)

(197)

(198)

(199)

In der schönsten laryngologischen Klinik der Welt

Man wagt es nicht, Kafka weiter im Sanatorium Wienerwald zu behalten. Obwohl Kafka die Bemühungen der Ärzte zu schätzen weiß, empfindet er doch ihre Hilflosigkeit, so daß er froh ist, von dort wegzukommen. Man hat ihm geraten, die Klinik von Prof. Markus Hajek im Allgemeinen Krankenhaus in Wien IX., Lazarettgasse 14, aufzusuchen, der nachgesagt wird, daß sie die schönste und größte laryngologische Klinik der Welt sei und über die modernsten Einrichtungen verfüge. Die Geschichte dieser Klinik geht bis auf Ludwig von Türck zurück, der im Sommer 1857 seine ersten Versuche der Laryngoskopie unternahm und sich bis zu seinem Tode fast ausschließlich mit der Erprobung dieser neuen Methode zur Untersuchung der Krankheiten des Kehlkopfes und der Luftröhre widmete. Seinen Erfolgen ist die Gründung dieser Abteilung zu verdanken, die nun von dem sehr selbstbewußten und tüchtigen Schwager Arthur Schnitzlers geleitet wird. Hajek und Arthur Schnitzler waren beide Assistenten bei Schnitzlers Vater gewesen, welcher an der laryngologischen Abteilung der Allgemeinen Poliklinik tätig war. Während Arthur Schnitzler als heftig umstrittener Dichterarzt in der literarischen Öffentlichkeit Aufsehen erregt (sein „Professor Bernhardi" wird von der Zensur verboten, weil seine Problematik rücksichtslos die Schwächen des klinischen Milieus der Jahrhundertwende bloßstellt), zeichnet sich Hajek als kühl-sachlicher Arzt und ehrgeiziger Universitätsprofessor aus.[1]

Am 10. April fährt Kafka also in einem offenen Wagen in die „Vaterstadt der Laryngologie". Es stürmt und regnet so sehr, daß ihn Dora ohne Rücksicht auf ihre eigene Gesundheit mit ihrem Körper gegen die kühle Nässe des verregneten Frühlingstages zu schützen versucht. Kafka hat Robert Klopstock

(200) Klinik für Hals- und Kehlkopfkrankheiten des Allgemeinen Krankenhauses (Laryngologische Klinik), Vorstand Prof. Dr. Markus Hajek (von Osten).

(201) Eingangsgebäude zu den Universitätskliniken in Wien, Lazarettgasse 14 (Allgemeines Krankenhaus).

(202) Klinik Hajek von Süden.

(201)

(202)

die Übersiedlung bereits angekündigt. Er schreibt ihm, daß er nun einige Wochen in Wien bleiben werde, und ist sichtlich erfüllt von Hoffnung und Zuversicht, hier erfolgreich behandelt zu werden.

„Alle Schrecknisse überboten", schreibt Max Brod in sein Tagebuch, „durch die Nachricht, daß Kafka vom Sanatorium ‚Wiener Wald' zurückgeschickt wurde. Wiener Klinik ... Fürchterlicher Unglückstag." Man hat nun eindeutig Kehlkopftuberkulose festgestellt.[2]

Bei Kafka handelt es sich wie bei den meisten derartigen Fällen nicht um die äußerst seltene primäre, sondern um eine sekundäre Kehlkopftuberkulose als Folgeerscheinung der Lungentuberkulose. Durch die Berührung des Kehlkopfes mit dem bazillenhaltigen Auswurf der erkrankten Lunge entsteht eine Kontaktinfektion, die oft erst in jenem Stadium erkannt wird, in dem die Zerstörung des Gewebes längst begonnen hat. Atemnot, Husten (Kafka leidet seit Jahren darunter) und Heiserkeit als erste Verdachtsmomente werden vielfach zu wenig beachtet, und die in der Folge auftretenden Stimmstörungen und Beschwerden, die beim Schließen des geschwollenen Kehldeckels während des Schluckens überaus schmerzhaft sind, deuten bereits auf einen beinah aussichtslosen Zustand hin.[3] Es scheint fast so, als hätten die Ärzte bei Kafkas Frühdiagnose versagt. Andernfalls hätten sie mit mehr Nachdruck auf einer Fortsetzung der Kur in Matliary bestehen müssen.

Die bei der Aufnahme aufgezeichnete Familienanamnese ist nur kurz. Sie lautet: Sämtliche Familienangehörige gesund, keine TBC.

Kinderkrankheiten: Keuchhusten

Die Beschreibung des neuen Patienten beginnt mit der Selbstauskunft, daß er immer schwächlich und zart gebaut war, „sich aber ziemlich gesund" fühlte. Über die große Müdigkeit, die ihn schon während seiner Gymnasialzeit belastet hat, schweigt er. Sie ist eine natürliche Folge seiner Schlaflosigkeit, und er weiß inzwischen längst, daß ihre Wurzeln nicht allein dort liegen, wo er sie vor dreizehn Jahren gesucht hat. Damals schrieb er in sein Tagebuch: „Schlaflose Nacht. Schon die dritte in einer Reihe. Ich schlafe gut ein, nach einer Stunde aber wache ich auf, als hätte ich den Kopf in ein falsches Loch gelegt. Ich bin vollständig wach, habe das Gefühl, gar nicht oder nur unter einer dünnen Haut geschlafen zu haben, habe die Arbeit des Einschlafens von neuem vor mir und fühle mich vom Schlaf zurückgewiesen. Und von jetzt an bleibt es die ganze Nacht bis gegen fünf so ... Ich glaube, diese Schlaflosigkeit

(203) Aufnahmeverzeichnis der Klinik Hajek für Männer.

(204) Seite mit der Eintragung Kafkas.

(205) Prof. Dr. Markus Hajek.

(206) Arthur Schnitzler, Hajeks Schwager.

(207) Prof. Markus Hajek mit seinen Assistenten vor seiner Klinik (1921).

(205)

(206)

(207)

kommt nur daher, daß ich schreibe ..."⁴ Wozu also jetzt darüber reden, seine nervösen Leiden aufzählen, wo er sich der Wahrheit nicht mehr verschließen kann? In wenigen Worten gibt er nur das an, was ihm jetzt wesentlich erscheint: daß das Lungenleiden im Laufe der Jahre an Intensität wechselte und es Zeiten gab, in denen er sehr gut aussah. In den letzten sieben Monaten habe er allerdings rund sechs Kilogramm abgenommen und fühle sich nun schlechter als je zuvor, völlig appetitlos und sehr schwach.

(208) Prof. Hajek bei einer Kehlkopfspiegelung.

Bei der ersten Untersuchung werden vor allem sein weicher, sehr blasser Gaumen, die leichten Verdickungsherde an der Hinterwand des Kehlkopfes und die von Ödemen befallenen, neben den Stimmbändern liegenden Aryknorpel, die durch ihre jeweilige Stellung eine Verengung oder Erweiterung der Stimmritze bewirken, festgehalten. Am nächsten Tag wird Kafka von einem Internisten besucht, der eine Bronchialatmung mit allen Anzeichen eines Verdichtungsherdes in der Lunge feststellt.⁵

Kafkas Krankengeschichte weist damit keinerlei Besonderheiten auf. Sie ist lediglich ein Dokument mehr für die Heimtücke einer Volkskrankheit, gegen die die Medizin noch weitgehend machtlos ist.

Man hat Kafka ein Mehrbettzimmer in der Station B im ersten Stock des westöstlichen Traktes zugewiesen. Dort liegt seit drei Tagen auch der Waldviertler Schuhmachermeister Josef Schrammel. Er, der zeitlebens nie krank gewesen war, ein kraftstrotzender Familienvater mit drei Kindern und nur ein Jahr älter als Kafka, wurde wie von einem Blitz aus heiterem Himmel von dieser furchtbaren Krankheit getroffen. Ihre ersten Anzeichen hatten sich erst vor wenigen Wochen eingestellt. Obwohl er während dieser kurzen Zeit zehn Kilogramm abgenommen hat, hat er die Klinik erst aufgesucht, als die hochgradige Atemnot zur gefährlichen Lebensbedrohung wurde. Nun liegt er nach zwei Luftröhrenschnitten relativ ruhig in seinem Bett und wartet. Noch hat ihn niemand besucht. Ob es seiner Frau möglich sein wird, für die Kinder eine Betreuung zu finden und das Geld für die Reise nach Wien aufzutreiben?⁶ Derlei Gedanken mögen durch seinen Kopf gehen, während Kafka, der zum ersten Mal in einem Krankenhaus liegt, versucht, sich an die neue Umgebung zu gewöhnen, die nicht das geringste mehr mit einem Sanatorium gemeinsam hat. Die deprimierende Unpersönlichkeit, vor allem aber die Tatsache, daß er nun zum ersten Mal in seinem Leben das Zimmer mit mehreren fremden Personen teilen muß, ist eine neue schmerzliche Erfahrung für ihn, der oft

(209, 210) Krankengeschichte Kafkas.

(211) Befund des Internisten.

1924.

Laryngologische Klinik.

Prot.-Nr. 135   Z.-Nr. 3

Tag der Aufnahme: 10 April 24
Name: Dr Kafka Franz
Alter, Stand, Beschäftigung: 41 J. Beamter in P. led. mos.
Geburtsort und derzeitiger Wohnort: Prag Altstädter ring 6.
Diagnose: Tbc. laryng.
Anatom. od. mikroskop. Befund exstirp. Teile:

Ausgang der Behandlung und Tag des Abganges: Entl. am 19./IV.1924

Datum	
	Familienanamnese: Sämmtliche Familien-angehörigen gesund, keine Tbc. Kinderkrankheiten: Keuchhusten
	Pat. war immer schwächlich u. sehr zart gebaut, fühlte sich aber ziemlich gesund.
	Vor 6 Jahren Hämoptoë, es wurde eine Lungentbc. diagnostiziert. Das Lungenleiden wechselt im Laufe der Jahre an Intensität. Pat. hat Zeiten, in denen er sehr gut aus-sieht u. sich relativ wohl fühlt. In den letzten 7 Monaten hat der Pat. ca 6 kg abgenommen u. fühlt sich jetzt schlechter als während der vergangenen Jahre. Vor 2 Wochen wurde Pat. heiser. Seit 5 Tagen bestehen brennende Schmerzen beim Schlucken besonders rechts, oft auch unabhängig davon, die ihn manchmal aus dem Schlafe wecken.

Pat. ist völlig appetitlos u. fühlt sich sehr schwach.

Stuhl: öfter Verstopfung.

Nikotin, Alkohol, vener. Affekt. ∅

Status praesens: Temp. 37°.

Mittelgrosser starke abgemagerter Pat.

Haut blass, an den Wangen leichte Röte.

Schleimhäute blass.

Hirnnerven frei.

Pupillen normal reagieren prompt

Pat. ist leicht heiser.

Hals o. B.

Nase bds. sehr weit. Krusten am Septum, rechts auch an der mittl. Muschel u. über der unteren. Nach Entfernung der sehr locker haftenden Krusten ist nichts Patholog. zu sehen. Im Nasenrachen- raum Schleim.

Rh. post. ohne Kokain nicht durchführbar.

Mund: Weicher Gaumen sehr blass.

Rachen. o. B.

Larynx: Beide Arykenorpel ödematös. Hinterwand leicht infiltriert. Taschenbänder gerötet. Stimmbänder o. B. bewegen sich sehr gut. Glottis weit.

12.IV.	Th. Wilhenthalöl in den Larynx tgl.
14.IV.	Pat. schluckt leichter
15.IV.	gl. ?
19.IV.	In häusliche Pflege entlassen.

Allgemeines Krankenhaus in Wien. (Nur für den internen amtlichen Verkehr bestimmt.)

Klinik.
Abteilung.

[Handschriftlicher Befund, Dr. Katka, 11/4. 1924 — Text kaum entzifferbar]

Nr. 179 A. K.

(211)

genug unter der Vorstellung gelitten hat, sich seines Körpers schämen zu müssen.

Kafkas Behandlung wird in ähnlicher Weise wie im Sanatorium Wienerwald fortgesetzt. Zunächst wird eine Bespritzung des Kehlkopfes mit 20prozentigem Mentholöl verordnet, Injektionen sind vorläufig nicht notwendig. Eine beabsichtigte Kehlkopfspiegelung ist allerdings nicht durchführbar. Das Einführen des Instruments in den Hals ruft bei Kafka ein derartiges Würgen hervor, daß dieses nur durch Coffein verhindert werden könnte – also verzichtet man auf die von ihm so gefürchtete Prozedur.

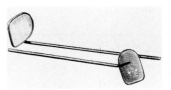

(212) Kehlkopfspiegel.

Das Fieber sinkt unter 38 Grad und bleibt dann einigermaßen konstant – bereits nach zwei Tagen wird der erste Erfolg in der Krankengeschichte verzeichnet, so daß Kafka seinem Freund Robert beruhigt mitteilen kann: „Seitdem ich aus jenem ... bedrückenden ... Sanatorium weggefahren bin, geht es mir besser. Der Betrieb in der Klinik hat mir gut getan, die Schluckschmerzen und das Brennen sind geringer..." Er bittet Robert, von einem überstürzten Besuch Abstand zu nehmen. „Robert, lieber Robert, keine Gewalttaten, keine plötzliche Wiener Reise, Sie kennen meine Angst vor Gewalttaten und fangen doch immer wieder an."[7] Es ist verständlich, daß Robert kommen möchte. Immerhin ist er schon so sehr Mediziner, daß er weiß, wie es um Kafka steht.

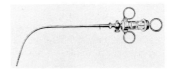

(213) Pinselspritze für die „Cocainisierung" des Kehlkopfes.

Worunter Kafka im Augenblick viel mehr leidet als unter seiner eigenen Krankheit, ist der erbärmliche Zustand seiner Mitpatienten. Besonders schlecht geht es seinem Nachbarn Schrammel. Dabei merkt man es ihm gar nicht an. Er ist immer fröhlich und bei gutem Appetit. Beeindruckt zeigt Kafka Dora den „lustigen Mann" mit dem „Schnurrbart (und den) glänzenden Augen", der so gern ißt und trotz seines Fiebers mit einem „Röhrchen im Halse" spazierengeht, als handle es sich bei seiner Krankheit nur um eine Kleinigkeit.[8] Er hat bis jetzt auch noch keinen Besuch von zu Hause bekommen. Kafka ist erfüllt von Bewunderung und Mitleid. Am 17. April geht es dem Schuhmachermeister allerdings so schlecht, daß die Ärzte das Schlimmste befürchten, während Kafkas fast gleichbleibender Zustand keinen Anlaß zu größerer Besorgnis gibt.[9]

(214) Kafkas Fieberkurve.

(215, 216) Gesunder männlicher Kehlkopf in Originalgröße mit geschlossenen und geöffneten Stimmbändern.

(217) An Tuberkulose erkrankter Kehlkopf, der jenem Stadium entspricht, das in der Krankengeschichte Kafkas beschrieben wird.

Der Tod – Dichtung und Wahrheit

Kafka wird zum Beobachter des Sterbens aus einer Sicht, die mit seiner Vorstellungswelt nur wenig gemeinsam hat. In sei-

DAS LEBEN, DAS MICH STÖRT

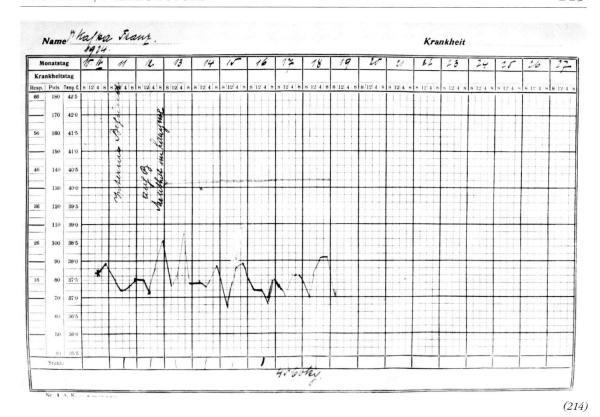

(214)

(215) (216) (217)

nen Werken, in denen der Tod allgegenwärtig ist – selbst dort, wo niemand stirbt, wie etwa im „Landarzt", im „Bau" oder im „Ersten Leid" –, wird das Ende meist schon am Beginn in zahlreichen Bildern der Düsternis erahnt oder doch zumindest erwartet als etwas, das einem vertraut erscheint, überall in den gespenstischen Landschaften, die der Mensch zwischen Leben und Tod durchwandert, Zeichen einer zerstörenden Maschinerie. Aber selten erscheint der Tod als plötzliche Fügung des Zufalls oder Schicksals wie bei Schrammel, den die Krankheit überrascht hat, als er sich in bester Gesundheit glaubte.

Die seelische Belastung, neben Sterbenskranken liegen zu müssen, steigert sich für Kafka beinah ins Unerträgliche. Warum quält man ihn mit diesem traurigen Anblick, warum befreit man ihn nicht davon?

In seinen Erzählungen ließ er keinen so zugrunde gehen. Bei ihm stirbt man nicht im Bett dahinsiechend, sondern im Wasser, unter der Brücke, auf der Straße, in Bergschluchten, Käfigen, auf einem Schemel vor der Tür unter den Augen von Leidensgenossen. Es findet kein Kampf statt, in dem sich der Verlierer aufbäumt bis zuletzt. Er ist sich seiner Wehrlosigkeit bewußt und ergibt sich, er erlebt den Tod geradezu als Erfüllung und Versöhnung mit sich selbst, als beinahe lusterfüllten Akt einer ersehnten Endgültigkeit. In der kurzen Erzählung „Der Geier", der aufflog, sich weit zurückbeugte, „um genug Schwung zu bekommen" und den Schnabel wie ein Speerwerfer tief durch den Mund des Opfers stieß, heißt es im letzten Satz: „Zurückfallend fühlte ich befreit, wie er in meinem alle Tiefen füllenden, alle Ufer überfließenden Blut unrettbar ertrank."[10] Die Gewißheit des inneren Sieges nimmt dem Tod alle Schrecken der körperlichen Zerstörung.

Kafka zählt seine Todesszenen zu den besten in seinen Werken, diese „guten und stark überzeugenden Stellen" sollen für den Leser „rührend" sein. „... solche Schilderungen (sind) im geheimen ein Spiel, ich freue mich ja in dem Sterbenden zu sterben", hat er einmal vor zwanzig Jahren zu Max Brod gesagt;[11] aber die Wirklichkeit sieht anders aus. Die euphorischen Todesphantasien haben nur wenig gemeinsam mit der sterilen Szenerie des Krankenzimmers. Sie setzt Kafka so zu, daß er es kaum aushält. Könnte man ihn nicht vielleicht in ein anderes Zimmer legen?

Max Brod wendet sich an Franz Werfel mit der dringenden Bitte, etwas für den gemeinsamen Freund zu tun. Brod hatte den rundlichen Mann mit der „zerwühlt-kindlichen Miene", dessen Gedichte Kafka einst in eine wilde „Begeiste-

(218, 219) Behandlungsräume.

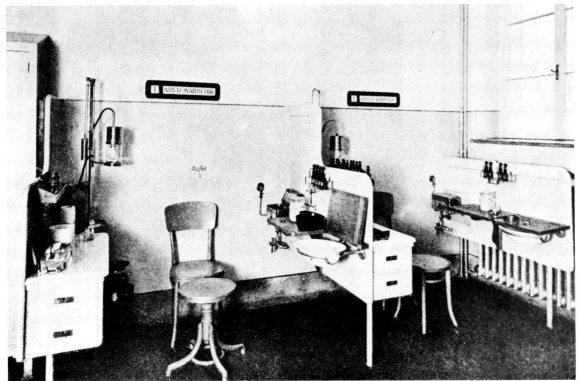
(218)

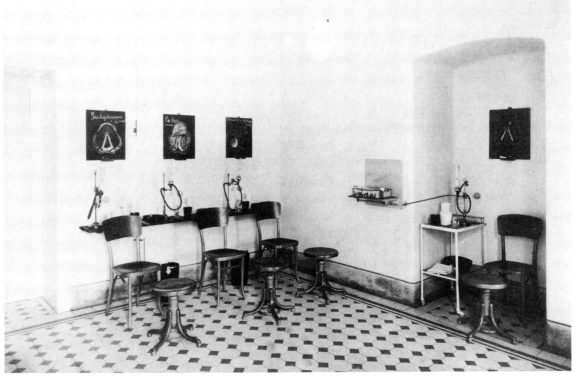
(219)

rung ... bis in den Unsinn" fortgerissen hatten, als Werfel sie ihm auswendig und mit leidenschaftlich-faszinierender Stimme rezitierte, in Prag als literarische Neuentdeckung Camill Hoffmann ans Herz gelegt – er würde gewiß nichts unversucht lassen, Kafka zu helfen.[12]

Werfel, der schon vor Jahren nach Wien übersiedelt ist, ist auch sofort bereit dazu. Er schickt eine ihm befreundete Ärztin zu Prof. Hajek, um mit ihm zu reden – vielleicht ist es möglich, mehr Rücksicht auf die Psyche des sensiblen Patienten zu nehmen. Da dieses Gespräch offensichtlich ohne Erfolg bleibt, setzt er sich selbst energisch für ein Einzelzimmer ein, aber die Menschlichkeit der ärztlichen Kapazität, deren medizinisch-technisches Können allerorts gerühmt wird, versagt hier kläglich. Prof. Hajek zeigt sich ganz und gar unzugänglich für ein derartiges Ansinnen. Er reagiert auf Werfels Brief mit folgenden Worten:

„Da schreibt mir ein gewisser Werfel, ich soll etwas für einen gewissen Kafka tun. Wer Kafka ist, das weiß ich. Das ist der Patient auf Numero 12. Aber wer ist Werfel?"[13]

Werfel, längst hochgejubelt und von seiner geliebten ehrgeizigen Alma Mahler zu Höchstleistungen angetrieben, erfreut sich gerade am ungeheuren Erfolg seines im Zsolnay-Verlag erschienen Buches „Verdi. Roman der Oper", das er Kafka mit einem Rosenstrauß ins Krankenhaus geschickt hat. Die Presse feiert ihn, er ist im Gespräch, Alma ist stolz auf ihn, jedoch Hajeks Interessen scheinen anderswo zu liegen. Oder benützt er etwa die Gelegenheit, der feinen literatursinnigen Familie zumindest verbal einmal seine Überlegenheit zu beweisen, indem er Werfel ignoriert? Wer dabei die grausame Ironie des Lebens zu spüren bekommt, ist der sterbenskranke Kafka. Da stehen sie nun einander gegenüber: Hajek, der „ungarische Judenbub", der als armer „Tagesser" in das Haus Schnitzlers Einlaß gefunden hat, und der Jude aus Prag. Beide im Kampf gegen die Autorität und von dieser trotz ihrer, wenn auch unterschiedlichen Leistungen nicht anerkannt; Kafka abhängig von der Meinung seines Vaters, Hajek von der des alten Schnitzler, der es nie übers Herz gebracht hat, seinem ungehobelten Schwiegersohn das Du-Wort anzubieten.[14] Schicksalshafte Verbundenheit in der Begegnung zweier Zyniker – und Kafkas Tragik.

Aber Werfel hat Beziehungen. Der Sozialist und Freimaurer, Universitätsprofessor und amtsführender Stadtrat für das Gesundheits- und Wohlfahrtswesen in Wien, Prof. Dr. Julius Tandler, der sich in Künstlerkreisen genauso gern bewegt wie in der gehobenen Gesellschaft, ist sein Freund. Das schnauz-

(220) Prof. Dr. Julius Tandler: „Künstlerisch wirksam sein, heißt Menschenseelen erschließen." Zu seinem Freundeskreis zählen Anton Hanak, Gustav Klimt, Carl Moll, Alma Mahler-Werfel und Franz Werfel.

(221) Krankenzimmer.

(222) Kurssaal für Studenten.

(221)

(222)

bärtige, kaum 1,65 Meter große Original mit den liebenswürdigen Eigenheiten, das durch seine Eleganz und vor allem durch seine rhetorische Begabung eine unglaubliche Anziehungskraft nicht nur auf die Weiblichkeit und auf seine Studenten ausübt, hat gewiß Einfluß genug, um seinem Landsmann bessere Bedingungen zu verschaffen, möglicherweise sogar einen Freiplatz in einem Sanatorium.[15] Wieder einmal ist Grimmenstein im Gespräch, aber Kafka zögert, die Hilfe des Gönners in Anspruch zu nehmen. Man wird auch ohne ihn etwas finden – in Kierling, etwa 15 Kilometer von Wien entfernt, soll sich ein kleines Privatsanatorium befinden – vielleicht ist dort eine Aufnahme möglich.

Vorläufig bleibt Kafka also in diesem Sterbezimmer und erlebt zutiefst erschüttert, wie es mit Schrammel, den die Ärzte tagsüber noch mit 41 Grad Fieber „herumgehn lassen" haben, gegen Abend des 18. April zu Ende geht. Schwer atmend liegt der Kranke, dem nicht mehr zu helfen ist, in seinem schweißnassen Bett. Seine Frau weiß nichts von seinem schrecklichen Zustand. Bis heute ist es ihr nicht möglich gewesen, ihn zu besuchen. Nur eine entfernte Verwandte, die in der Nähe des Krankenhauses arbeitet, ist einmal hier gewesen. Die Familie ist überzeugt davon, daß er bald nach Hause kommen wird.

Schrammel kommt nicht mehr nach Hause.

„Großartig", empört sich Kafka, „wie dann in der Nacht alle Assistenten in ihren Bettchen" liegen. Er ist voll Bewunderung für die Geduld des Priesters – ein Rheinländer Pater des seit dem Jahre 1584 bestehenden Krankenseelsorge- und Pflegeordens der Kammilianer –, der mit seinem Gehilfen bis zuletzt bei Schrammel ausharrt und ihm die Letzte Ölung gibt. „Den Mann neben mir haben sie getötet", teilt Kafka seinen Freunden böse mit. Er kann es nicht fassen, „daß der Mann, der so froh war, hat sterben müssen", weil die Ärzte einfach „weggelaufen" waren.[16]

Josef Schrammel wird obduziert. Man stellt bei ihm dieselbe Krankheit fest, an der Kafka leidet: Kehlkopftuberkulose. Schrammels Angehörige sind so arm, daß eine Überführung des Toten in seine Waldviertler Heimat nicht möglich ist. Sie können nicht einmal für die Kosten eines einfachen Begräbnisses aufkommen und ihm das letzte Geleit geben. Deshalb wird Schrammel nachts in einem Schachtgrab des Wiener Zentralfriedhofes begraben wie einer, den die Welt längst vergessen hat.[17]

(223) Kafkas Zimmernachbar Josef Schrammel, über dessen Tod er mehrmals am Tage weint.

(223)

Nacht – Botin des Todes

Die Nacht ist jener gemeinsame Ort, an dem sich die Phantasie des Dichters und die Wirklichkeit des Lebens treffen. Schrammels Todeskampf fand in der Nacht statt. Auch das Schicksal von Kafkas Gestalten entscheidet sich fast immer in der Finsternis, der Botin des Todes. Sie breitet ihre schwarzen Flügel über den Akt der Vollstreckung, dessen letztes Geheimnis immer im Dunkeln bleiben wird. So steigt der „Kübelreiter" nachts, nach dem Abendläuten der Glocken, in die „Regionen der Eisgebirge und (verliert sich) auf Nimmerwiedersehen", und ebenso findet die Verwandlung Gregor Samsas „zu einem ungeheuren Ungeziefer" in der Finsternis statt. „Und jetzt?" fragte er sich „und sah sich im Dunkeln um. Er machte bald die Entdeckung, daß er sich nun überhaupt nicht mehr rühren konnte ... Er hatte zwar Schmerzen im ganzen Leib, aber ihm war, als würden sie allmählich schwächer und schwächer und würden schließlich ganz vergehn." Und während er in voller Anerkennung seines Schicksals, für immer „verschwinden" zu müssen, „mit Rührung und Liebe" an seine Familie zurückdenkt, fühlt er mit einer gewissen Behaglichkeit sein nahes Ende. „In diesem Zustand leeren und friedlichen Nachdenkens blieb er, bis die Turmuhr die dritte Morgenstunde schlug ... Dann sank sein Kopf ohne seinen Willen gänzlich nieder, und aus seinen Nüstern strömte sein letzter Atem schwach hervor." Auch der tote Jäger Gracchus wird nachts angekündigt. „Wir schliefen längst", erzählt der Bürgermeister von Riva. „Da rief gegen Mitternacht meine Frau: ,... sieh die Taube am Fenster!' Es war wirklich eine Taube, aber so groß wie ein Hahn. Sie flog zu meinem Ohr und sagte: ,Morgen kommt der tote Jäger Gracchus ...'"

Und ebenso erlebt „die Brücke" über dem Abgrund das tödliche Schauspiel „gegen Abend", als der eisige Forellenbach „dunkler" rauschte.[18] Gleichsam wie der Tod aus dem Dunkel der Nacht kommt, kommen die Protagonisten in den Werken Kafkas aus dem Dunkel seines Unterbewußtseins, dessen Geheimnis immer Rätsel bleiben wird und zugleich Trost in der Vielfalt seiner Deutungen.

Hatte sich Kafka bei seiner Ankunft in der Klinik Hajek seelisch darauf vorbereitet, einige Wochen zu bleiben, so will er jetzt so rasch wie möglich fort. Aber Prof. Hajek hat Bedenken. Er begründet sie mit den Heilbehelfen an seiner Anstalt, Kafka wäre nirgends so gut aufgehoben wie bei ihm. „Er hat sich geradezu gesträubt, ihn wegzulassen", schreibt Werfel an Max Brod,[19] aber Kafka ist fest entschlossen, das Spital auch

(224) Wiener Gemeindediener.

(225) Sodawasserstand in Wien.

(226, 227) Zentralfriedhof in Wien. Hier wird Kafkas Zimmernachbar Josef Schrammel begraben.

DAS LEBEN, DAS MICH STÖRT 123

(226)

(227)

gegen den Willen des Professors zu verlassen. In einer Umgebung wie dieser würde er ohnehin nicht gesund werden, im Gegenteil – Nächte wie die vergangene würden ihm nur schaden, das bestätigt die Fieberkurve. Seine Temperatur ist wieder gestiegen, so sehr hat er sich erregt. Er muß weg.

Also entläßt man den Schwerkranken am 19. April in häusliche Pflege, was als letzte Eintragung seiner Krankengeschichte das Ende der anfangs vielversprechenden Behandlung in der schönsten laryngologischen Klinik der Welt bedeutet.

Aber Kafka fährt nicht nach Hause.

(228) Franz Werfel.

(229) Werfel schickt Kafka sein Buch „Verdi. Roman einer Oper" ins Krankenhaus, worüber sich dieser sehr freut. „. . . ich war gräßlich hungrig nach einem Buch, das für mich in Betracht kam . . .", schreibt Kafka an Max Brod.

(230) Handschrift Franz Werfels.

(228) (229)

(230)

ENDSTATION KIERLING

Samstag, 19. April 1924: ein herrlicher Tag, der sonnigste in diesem Monat, da und dort zartes Gewölk, sanfter West-Nordwest-Wind – Franz Kafka tritt seine letzte Reise an. Ziel: Privatsanatorium Dr. Hoffmann in Kierling bei Klosterneuburg.

Dr. Hugo Hoffmann, 1862 in der Bukowina geboren, übersiedelt 1897 aus Mähren nach Kierling und beauftragt Baumeister Schömer mit dem Bau eines einstöckigen Hauses an der Kierlinger Hauptstraße Nr. 71 (187). Drei Jahre später wird es aufgestockt und als private Heilanstalt eingerichtet. Ab 1913 scheint es offiziell als Sanatorium für Erkrankungen der Atmungsorgane auf, Verpflegungsgebühr 11 bis 16 Kronen pro Tag.[1] Kafka bezieht seit seiner Frühpensionierung eine Rente von etwa 1.450 Kronen monatlich,[2] so daß er ohne finanzielle Unterstützung durch die Eltern auskommen kann. Es ist wohl das billigste, kleinste und bescheidenste aller Sanatorien, die er bis jetzt besucht hat. Die Reichen fahren nach Davos, die Armen nach Kierling.

Aber Kafka fühlt sich hier gut aufgehoben. „... für Kranke ist es hier ausgezeichnet", schreibt er schon kurz nach seiner Ankunft an Max, obwohl er mehrmals am Tag weinen muß. Er führt seine Nervenschwäche einerseits auf das „böse" Sanatorium Wienerwald zurück, das offenbar einen tiefgreifenden belastenden Eindruck hinterlassen hat, andererseits bedrückt ihn der Tod seines Wiener Zimmernachbarn Schrammel noch immer. Er ist sichtlich froh, das Wienerwald-Sanatorium und den unfreundlichen Prof. Hajek hinter sich zu haben, gibt allerdings zu, daß der Aufenthalt in der Klinik Hajek „nicht so schlimm" war, wie sich Freund Max dies vielleicht vorgestellt hat: „Im Gegenteil, in mancher Hinsicht war er ein Geschenk." Dann berichtet er, daß er von Werfel „verschiedenes sehr Freundliches erfahren" habe und bedankt sich „für alle mühseligen literarischen Geschäfte, die (Max für ihn) so prachtvoll durchgeführt" hat.[3] Max ist es inzwischen gelungen, eine Veröffentlichung von „Josefine die Sängerin oder das Volk der Mäuse" zu erwirken – eine Nachricht, die Kafka freut. Die Erzählung erscheint in der Osternummer der „Prager Presse" in der Beilage „Dichtung und Welt" am 20. April 1924, was gewiß mit zu Kafkas gehobener Stimmung in Kierling beiträgt, zumal damit eine finanzielle Erleichterung verbunden ist.

Die liebliche Gegend am Rande Wiens läßt aufatmen, und das kleine Haus hat nichts von der Düsternis und Unpersönlichkeit großer Gebäudekomplexe. Daß es sogar einen Lift

(231) Die Donau zwischen Wien und Klosterneuburg in der Höhe des Kahlenbergerdorfes. Dahinter zwei beliebte Ausflugsziele der Wiener: links der Kahlenberg, rechts der Leopoldsberg.

(232) Blick vom Wienerwald auf Klosterneuburg, das auf dem Weg nach Kierling liegt.

(231)

(232)

besitzt, gilt hier als Besonderheit. Er rumpelt und rattert allerdings so, daß in den umliegenden Häusern das Licht zu flakkern beginnt, erzählen die Dorfbewohner. In Wahrheit wird wohl das Stromnetz zu schwach sein. Eigentlich hat das Sanatorium nicht viel mit dem gemeinsam, was man sich unter einer Heilanstalt vorstellt. Es erinnert viel eher an eine Pension, zu der es nach dem Tod Dr. Hoffmanns im Jahr 1927 auch umgewandelt werden wird, ist eigentlich nur ein Familienbetrieb, dem nur wenige Angestellte zur Verfügung stehen: zwei junge Stubenmädchen, ein sogenanntes Extramädel, der junge Hausdiener Konrad, die böhmische Köchin Johanna, die hervorragend kocht, und die Döblinger Krankenschwester Hermine Burgmüller, eine fesche und resolute Person, die bemüht ist, mit ihrer guten Laune das Los der Kranken zu erleichtern. Die Zimmer sind einfach, aber freundlich eingerichtet, alles in sauberem Weiß, das durch die Farbtupfen frischer Blumen belebt wird: ein weißes Metallbett mit Nachttisch, ein weißer Tisch mit zwei Sesseln, ein weißer Waschtisch, ein weißer Schrank, vor dem Fenster ein dichter weißer Leinenvorhang mit hübschen Spitzen, in den meisten Zimmern eine Chaiselongue. Nur der billige gestrichene Fußboden – er sieht aus wie ein verunglückter Terrazzoboden – ist von einem erbärmlichen Gelb. Das Sanatorium hat acht Einzelzimmer, für die seltenen Notfälle stehen ein Zwei- und ein Dreibettzimmer zur Verfügung, die fallweise auch als Gästezimmer für Besucher verwendet werden.[4]

(233) Balkon vor dem Zimmer Kafkas in Kierling.

Kafka hat ein gartenseitiges Zimmer im zweiten Stock.[5] Der Balkon ist mit Blumen geschmückt, auch im Garten blüht es – gepflegte Rosenrabatten im Rasen, entlang der Gartenmauer Fichten und Tannen. Die Zimmer an der Straßenfront sind düster, aber Kafkas Zimmer ist hell und sonnig. Wenn er vor dem Fenster steht, hat er einen herrlichen Ausblick ins Maital, auf den Kierlingbach, auf die hügeligen Weinberge und den Wienerwald dahinter.

Die Schmerzen sind wieder geringer, sein „Zustand (ist) erträglich", er fühlt sich sogar in der Lage, mit Dora, die ihn nach Kierling begleitet hat, um in seiner Nähe sein zu können, in den Ort zu fahren. Einmal sieht man ihn auch allein im Einspänner des Wieshaider „Lenzl" durch die Frühjahrsmaskerade der Natur in Richtung Gugging, wo sich eine Irrenanstalt befindet, in den Wald fahren. Er fällt auf durch sein überaus gepflegtes Aussehen, durch den dunklen Anzug und durch die dunklen Haare und Brauen, die in besonderem Gegensatz zu seiner durchsichtigen Blässe stehen. Daß er Franz Kafka ist, wissen nur wenige, daß er ein Dichter ist, niemand. Nur das

(234) Privatsanatorium Dr. Hugo Hoffmann in Kierling. Hier liegt Kafka vom 19. April bis zu seinem Tod am 3. Juni 1924. (Straßenfront).

(235) Gartenansicht mit Liegehalle.

(234)

(235)

aufgeweckte junge Mädchen Stefanie Kabelac bleibt am Wegrand stehen und schaut ihm, dem Fremden, neugierig nach.⁶

Bald aber verschlechtert sich sein Zustand wieder, so daß die erholsamen Ausflüge ein Ende finden. Die Überlegung, mit Hilfe Julius Tandlers nun doch in das ebenfalls sehr schön gelegene, aber viel größere Sanatorium in Grimmenstein zu übersiedeln und dort einen Freiplatz oder wenigstens einen billigeren Platz zu bekommen, läßt Kafka wieder fallen – er kann jetzt unmöglich reisen, „vielleicht hätte es auch sonst Nachteile", befürchtet er. „Ich bin sehr schwach", schreibt er nach etwa einer Woche. Die Reclambücher, die ihm Max geschickt hat und die ihm große Freude bereiten, kann er kaum lesen. „Es ist ja nicht so, daß ich wirklich lese (doch, Werfels Roman lese ich unendlich langsam, aber regelmäßig), dazu bin ich zu müde, Geschlossensein ist der natürliche Zustand meiner Augen, aber mit Büchern und Heften spielen macht mich glücklich."⁷

ÄRZTE UND PATIENTEN

Dr. Hoffmann bemüht sich sehr um eine familiäre Atmosphäre in seinem Haus, was ihm durch die kleine Gästezahl erleichtert wird. Er sorgt für Veranstaltungen, die entsprechend seinen eigenen Neigungen häufig musikalischer Natur sind, und organisiert Ausflüge, er pflegt den Kontakt zu seinen Patienten und nimmt trotz der Diät, zu der ihn sein Magenleiden zwingt, stets an den gemeinsamen Mahlzeiten im eleganten Speisesaal teil. Ist er verhindert, führt eine seiner Töchter den Vorsitz, meist ist es die älteste Tochter.

Die Attraktion seines Sanatoriums, sein Aushängeschild, und das nicht nur wegen des außergewöhnlich schönen, knielangen Blondhaares, das sie zu dicken Zöpfen geflochten hat, ist die junge Baronesse Henriette Waldstätten-Zipperer. Jeder bewundert sie, einer der jungen Aushilfsärzte findet sie geradezu unwiderstehlich, einen jungen, in sie verliebten Leidensgenossen überrascht sie dabei, wie er versucht, heimlich eines ihrer wunderbaren Goldhaare in seinen Hemdkragen einzunähen. Für Dr. Hoffmann ist Henriette ein Musterbeispiel an Lebenswillen, obwohl sie die Ärzte, die ihre Krankheit erst nach sieben Jahren entdeckt haben, längst aufgegeben haben. Sie ist überzeugt davon, daß sie nur mit der Kraft der Nahrungsmittel den Tod überlisten kann, schlingt – Brechreiz und Widerwillen überwindend – alles in sich hinein, was nur möglich ist, stopft sogar acht Portionen Gurkensalat in sich hinein, der

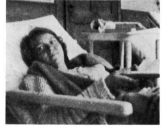

(236) Baronesse Henriette Waldstätten-Zipperer, Kafkas Mitpatientin im Sanatorium Hoffmann. Sie heiratet während ihres Sanatoriumsaufenthaltes den Rechtsanwalt Dr. Watzek und in zweiter Ehe Herrn Thallmayer.

(237) Dr. Hugo Hoffmann.

(237)

von den anderen verschmäht wird, nimmt Bauchschmerzen in Kauf, täglich beinah ein Kilogramm Gewichtszunahme, 30 Kilogramm insgesamt – und überlebt. Was auch sie verschmäht, wird heimlich dem Personal zugeschoben, eine Unart, die Dr. Hoffmann ärgerlich stimmt – aus Sparsamkeit einerseits und andererseits wegen der Ansteckungsgefahr.[8]

Der Großteil der Patienten befindet sich in einem Krankheitsstadium, in dem kaum noch Aussicht auf Heilung besteht. Die meisten wissen darum. Trotzdem hat es den Anschein, als würden sie den Tod nicht ernst nehmen. Sie verfassen Hohngedichte über ihn, machen sich lustig, flüchten sich mit erschütternder Lebensgier in eine Welt der Groteske, die den Besucher betroffen macht. Charakteristisch für dieses Sanatorium ist der familiäre Tratsch, der von der Krankenschwester als Nachrichtenüberbringerin entsprechend gefördert wird. Nur von Kafka weiß man nicht viel.[9] Kafka nimmt am Geschehen des Sanatoriumalltags kaum teil. Die Mahlzeiten, meist von Dora zubereitet, nimmt er vorwiegend auf seinem Zimmer ein, zur Liegekur bleibt er auf dem Balkon und ist damit weitgehend ausgeschlossen vom Kontakt mit anderen Mitpatienten. Sie bekommen ihn nicht zu Gesicht und kennen ihn nur aus den Schilderungen des Personals. Für die meisten ist er der Doktor aus Prag, daß er Dichter ist, spricht sich nur langsam herum.

Kafkas Zustand verschlechtert sich so rasch, daß er das Bett nicht mehr verlassen kann. Von den Angehörigen Kafkas, die von Dora über den Krankheitsverlauf auf dem laufenden gehalten werden, verständigt, eilt Robert Klopstock aus Prag nach Kierling, wo er seine Dankbarkeit dem Freund gegenüber unter Beweis stellt. In rührender und aufopfernder Weise kümmert er sich gemeinsam mit Dora um den Schwerkranken, der die beiden als seine „kleine Familie" bezeichnet, die ihm eine Ahnung dessen vermitteln mag, was er sich unter Geborgenheit vorgestellt hat.

Als sich Dr. Hoffmann wegen seines Magenleidens vorübergehend außerstande sieht, seine Patienten zu betreuen, muß er sich vertreten lassen. Einer der Ärzte, die er um Unterstützung bittet, ist der ehemalige Schulkollege seines Sohnes, Dr. Fritz Müller, der 1923 promoviert hat und nun im Wilhelminenspital in Wien tätig ist. Da er in Klosterneuburg wohnt, ist es für ihn kein Problem, ab und zu einzuspringen. Überraschenderweise begegnet er dort einem anderen Schulkollegen als Patienten, dem Heimatdichter Roland Henning. Henning stammt aus einer musischen Familie und ist ein Musterbeispiel für die Vererbung von Begabungen. Sein Vater, Dr. Carl Hen-

(238) Wieshaiders „Einspänner".

(239) Wieshaider Lorenz (genannt Wieshader Lenzl). Mit seinem Einspänner unternimmt Kafka am Beginn seines Aufenthaltes in Kierling eine Spazierfahrt.

(240) Zimmer mit Liegebalkon.

(241) Lesezimmer.

Das Leben, das mich stört

(240)

(241)

ning, selbst Autor verschiedener Werke, ist durch seine Moulagetechnik berühmt geworden. Zur größten Verblüffung der medizinischen Fachwelt ist es ihm damit gelungen, durch seine künstlerische Begabung plastische Ersatzteile für vertiefte Narben, fehlende Nasen, Ohren, ja sogar Augenlider derart naturgetreu nachzubilden, daß die oft abschreckend entstellten Patienten– häufig Opfer von Kriegsverletzungen – ihr ursprüngliches Aussehen und dadurch ihr Selbstbewußtsein wieder zurückerhielten. Eine Ironie des Schicksals, daß dieser begnadete Arzt innerhalb von drei Tagen an einem Insektenstich stirbt. Roland Hennings Mutter Thusnelda ist Dichterin, eine interessante Persönlichkeit, die durch ihre Extravaganz auffällt und mit vielen Mitgliedern des „Kreises der geistig Schaffenden" in Wien, zu dem auch Weinheber gehört, bekannt ist. Finanzielle Schwierigkeiten zwingen sie, ihren jüngeren Sohn Theo, der die Moulagetechnik seines Vaters künstlerisch auswertet und sich mit seinen Masken genauso einen Namen macht wie mit seinen Bildern, zu veranlassen, sozusagen als Honorar für den kranken Bruder ein Portrait Dr. Hoffmanns und seiner Frau zu malen. Während sich die Geschwister Roland Hennings durch Eleganz auszeichnen, kleidet er sich nachlässig, betont ärmlich und extravagant wie die Mutter. Auch er hat genauso wie Kafka ein Studium der Rechte hinter sich, aber er fühlt sich weniger zur juridischen Tätigkeit als vielmehr zur Verherrlichung seiner geliebten Wachau in zahlreichen Versen hingezogen. Sein Liederzyklus „Holdselige Wachau", von Theo illustriert, wird Jahre später von Franz Ledwinka vertont werden.[10]

„Ich bin nicht der einzige Dichter hier", klärt Henning Dr. Müller auf, „da ist noch einer aus Prag." Erst durch diesen Hinweis beginnt sich der junge Aushilfsarzt für Kafka zu interessieren.

Henning ist nicht überall beliebt. Seine weltfremde und etwas hochmütige Art kommt selbst seinen besten Freunden merkwürdig, ein wenig lächerlich vor und macht ihn zum Einzelgänger. Dem Personal gegenüber verhält er sich distanziert, den Patienten gegenüber, unter denen es einige Juden gibt, bisweilen sogar verletzend. Als er einmal einen Juden nachäfft, sagt dieser gekränkt: „Jüdeln Sie nicht." Darauf antwortet Henning schlagfertig: „Ich kann, Sie müssen." Obwohl die Freunde Hennings in seinen antisemitischen Äußerungen eher ein „Karikieren ohne Bösartigkeit nach Art der ‚Fliegenden Blätter'" sehen, sieht sich Dr. Hoffmann im Interesse des Wohlbefindens seiner Patienten gezwungen, ihn wegen derartiger Bemerkungen zurechtzuweisen.

(242) *Dr. Fritz Müller, einer der Aushilfsärzte im Sanatorium Kierling, die Kafka behandeln.*

(243) *Spielzimmer.*

(244) *Speisesaal.*

Das Leben, das mich stört

(243)

(244)

Kafkas letzte Tage

„Der künstliche Pneumothorax ist bis jetzt der einzige Fortschritt in der TBC-Behandlung", sagt der Lungenspezialist Prof. Dr. Sorgo zu Dr. Müller. Die Tuberkulinbehandlung ist noch sehr umstritten, daher stellt der künstliche Pneumothorax nahezu die einzige medizinische Möglichkeit zur Behandlung der TBC, neben die Widerstandskraft des Organismus stärkenden Maßnahmen dar, die kurz unter den „fünf L" zusammengefaßt werden: Licht, Luft, Landaufenthalt, Lebertran und Liebe.

Im Sanatorium Dr. Hoffmann, dessen Ordinationszimmer nur über eine einfache Hausapotheke verfügt, beschränkt man sich vorwiegend auf die „fünf L", die durch die Bestrahlung der Patienten mit einer Höhensonne unterstützt werden – eine moderne Errungenschaft, auf die Dr. Hoffmann besonders stolz ist. (Der jüdische Arzt Dr. Schwammel dokumentiert ihre Bedeutung mit folgenden Worten: „Praxis hab ich kaane, aber a Höhensonne hab ich.") Da Dr. Hoffmann die Krankengeschichten der wenigen Patienten, die kaum voneinander abweichen, im Kopf hat, findet er das Anlegen einer Kartei überflüssig. Auch Dr. Müller macht keinerlei Aufzeichnungen. Für ihn ist Kafka „durch nichts außerhalb des Schemas". Es steht für ihn fest, daß sich der Patient in der Phthisis desperata befindet, allgemein als Schwindsucht bekannt, im letzten und praktisch unheilbaren Stadium der Tuberkulose. Im allgemeinen sind die Patienten in diesem Stadium gelöst und heiter. Besonders traurig wird der Zustand allerdings dann, wenn zu den Husten-, Sprech- und Schluckbeschwerden eines an Kehlkopftuberkulose Erkrankten Atemnot, erschwerende Expektorationen und die Unmöglichkeit, den Kehldeckel zu schließen, hinzukommt. Dann droht dem Bemitleidenswerten gleichzeitig der Tod durch Ersticken, Verhungern und Schluckpneumonie. Für den mit der Krankheit vertrauten Arzt ein „normaler Verlauf", auch bei Kafka, der von sich noch behaupten kann: „Hat man sich einmal mit der Tatsache der Kehlkopftuberkulose abgefunden, ist mein Zustand erträglich."[11]

Jede aus dem „Schema ‚F' sich abhebende Variante des Endstadiums" wäre Dr. Müller einigermaßen im Gedächtnis geblieben. Wenn ihn Kafka beleidigt oder beschimpft, wenn er den Ärztestand angegriffen hätte, wäre er ihm vielleicht aufgefallen, bekennt Dr. Müller. Aber Kafka ist bescheiden und ruhig, unauffällig, einer von vielen, dessen Besonderheit weitgehend unerkannt bleibt.

(245) Roland Henning, Heimatdichter, Mitpatient Kafkas im Sanatorium Hoffmann.

(246) Theo Henning, Bruder Roland Hennings, Maler.

(247, 248) Aus dem Gedichtband Roland Hennings „Holdselige Wachau", der von seinem Bruder Theo illustriert wurde.

(245)

(246)

Holdselige Wachau

von

Roland Henning

Buchschmuck von Theodor Henning

1920

Dorfmeistersche Druck- und Verlagsanstalt
Wien und Leipzig

(247)

41

Einsamkeit.

Einsamkeit, o Einsamkeit,
Heilig hingebreitet,
Hast mich aus des Lebens Leid
In dein Reich geleitet.

Zeige deine Herrlichkeit,
Wenn in weitem Schweigen
Aus der Nacht gesterntem Kleid
Sehnsuchtsträume steigen.

Seit mein Herz ich treu geweiht
Deinen Heimlichkeiten,
Einsamkeit, o Einsamkeit,
Leitest du mein Schreiten.

(248)

„Was soll ein blutjunger Klosterneuburger Arzt, der nach der Kriegsmatura freiwillig eingerückt ist, im Kalkstein der Dolomiten gehaust hat (wenn man Kavernen und Schützenlöcher eine Behausung nennen kann), dann Tag und Nacht nichts anderes gekannt hat als sein Studium – was soll dieser junge Mensch von einer schöngeistigen Literatur wissen", entschuldigt sich Dr. Müller später für seine „Ignoranz". Daß die Kehlkopftuberkulose von einem bestimmten Stadium an innerhalb einer Woche die gleichen Zerstörungen zur Folge hat, zu denen Krebs Monate braucht, ist den Ärzten klar, aber Zweifel des Patienten an der „ärztlichen Kunst" können sie immer glaubwürdig beseitigen oder zurückdrängen. Die Möglichkeit, Krankheitserscheinungen und quälende Beschwerden mit Pantopon oder Morphium und Fieberwickeln zu mildern, kommt ihnen dabei zu Hilfe, erklärt Dr. Müller nüchtern seine „armselige und zeitraubende Tätigkeit als junger Hilfs- und Aushilfsarzt". Seine Versuche, die Patienten aufzuheitern, bleiben bei Kafka ohne Wirkung. Es gelingt ihm nicht, zu ihm einen inneren Kontakt herzustellen, so daß seine Visiten über das Maß seiner ärztlichen Pflicht nicht hinausgehen.[12]

(249) Dr. Carl Henning, Vater Roland Hennings, Arzt.

Die Behandlung Kafkas „besteht vorläufig – das Fieber hindert anderes – in schönen Wickeln und in Inhalieren." Gegen den Vorschlag, ihm Arseninjektionen zu geben, wehrt er sich, berichtet er Ende April seinen Eltern. „Das Fieber dürft Ihr Euch nicht zu arg vorstellen", beruhigt er sie gleichzeitig, „jetzt früh habe ich z. B. 37."[13] Gegen die Schmerzen im Kehlkopf bekommt Kafka zunächst anästhetische Einspritzungen und Pulver. Die Wirkung beschreibt er folgendermaßen: „... nach dem heutigen Vormittag – aber es täuscht ja alles – wirken die Bonbons, abgesehen von dem nachfolgenden endlosen Brennen, besser als Einspritzung... Das Bessere äußert sich darin, daß die Schmerzen, die ja auch nach der Einspritzung kommen, hier dumpfer sind, so wie wenn die Wunden, über die das Essen fließt, ein wenig zugedeckt wären."[14] Daneben wird ihm eine „Schweigekur" verordnet, um eine Ruhigstellung des Kehlkopfes zu gewährleisten, so daß sich Kafka jetzt nur noch schriftlich verständigen kann. Die Nahrungsaufnahme fällt ihm immer schwerer. Er kann nur breiige oder leicht gleitende Speisen wie Joghurt, Teigwaren, Getränke bei nach vorn geneigtem Kopf zu sich nehmen. Aber die Schmerzen beim Essen steigern sich derart, daß das Schlucken selbst nur von Wasser nahezu unmöglich wird und er häufig an Durst leidet. Innerhalb weniger Tage geht es ihm so schlecht, daß Dora am 2. Mai verzweifelt die Spezialisten Prof. Neumann und Doz. Dr. Beck aus Wien ans Krankenlager nach Kierling

(250, 251) Gesichtsplastik nach Dr. Carl Henning bei verletztem Soldaten aus dem 1. Weltkrieg.

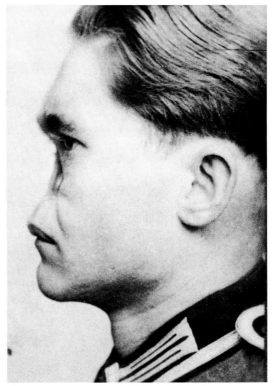
(250)

(251)

holt. Dr. Beck konstatiert im Kehlkopf einen zerfallenden tuberkulösen Prozeß, der auch einen Teil des Kehldeckels miteinbezieht. „Bei diesem Befund ist an irgendeinen operativen Eingriff überhaupt nicht zu denken", schreibt er am nächsten Tag an den besorgten Felix Weltsch. In grenzenloser Angst um den Geliebten will Dora eine Anzahl anderer Spezialisten zum Konsilium nach Kierling rufen, aber Dozent Beck macht ihr klar, „daß Dr. Kafka sowohl an der Lunge als auch im Kehlkopf in einem Zustand sich befinde, in dem kein Spezialist ihm mehr Hilfe bringen kann und man nur durch Pantopon oder Morphium die Schmerzen lindern kann."[15]

Dozent Beck entschließt sich zu einer Daueranalgesie durch eine Alkoholinjektion in den nervus laryngeus superior. Es erfordert einige Kunstfertigkeit, diesen Nerv zu finden und bedeutet für den Patienten eine schmerzhafte Prozedur. Becks Versuch, den Nerv durch Abtötung schmerzlos zu machen, mißlingt, denn Dora berichtet ihm, „daß der Erfolg nur ein vorübergehender war und daß die Schmerzen in derselben Intensität wieder aufgetreten sind."[16] Die Wiederholung solcher Injektionen und die Weiterbehandlung mit Anästhesiemitteln bleiben fast wirkungslos. „Selbst wenn ich mich wirklich von allem ein wenig erholen sollte, von den Betäubungsmitteln gewiß nicht", meint Kafka.[17]

Die Ärzte schätzen die Lebenserwartung des Kranken auf noch rund drei Monate – sie empfehlen Dora deshalb, „seine Verwandten über den Ernst der Situation vollständig aufzuklären" und ihn zurück nach Prag zu bringen, aber sie lehnt das ab, weil sie befürchtet, „daß dadurch dem Patienten die Schwere seiner Erkrankung klar würde."[18]

Als Max erfährt, daß keine Hoffnung auf Heilung besteht, eilt er am Sonntag, dem 11. Mai nach Wien, wo er sich in einem Hotel in der Nähe des Franz-Josefs-Bahnhofes einquartiert, am nächsten Morgen mit dem ersten Zug nach Klosterneuburg und von dort mit dem Autobus nach Kierling, um Franz noch einmal zu sehen. Um ihn nicht zu beunruhigen, täuscht er einen Vortrag in Wien vor, den er zum Anlaß genommen habe, ihn zu besuchen.

Erst als Henriette Waldstätten-Zipperer von der Ankunft Max Brods erfährt, der ihr längst ein Begriff ist, erwacht ihr Interesse an Kafka, von dessen Werken sie noch nie zuvor gehört hat.[19]

Max bleibt bis zum Abend bei Franz. Nun erfährt er auch von dessen Heiratsabsichten. Kafka hat sich bisher immer mit Erfolg aus seinen Bindungen zu Frauen zurückgezogen, unfähig, eine „Geliebte (zu) ertragen",[20] in deren Hingabe er letzt-

(252) Doz. Dr. Oskar Beck, erfolgreicher Forscher auf dem Gebiete der Oto-, Rhino-und Laryngologie, der aus Wien nach Kierling kommt, um bei Kafka eine Alkoholinjektion in den nervus laryngeus superior durchzuführen. Er und sein Kollege Prof. Neumann schätzen die Lebensdauer des Patienten am 3. Mai auf höchstens noch drei Monate.

(253) Autobus auf der ersten Privatautobusstrecke Österreichs vor einem Gasthaus in Kierling (1911, Type Mannesmann Mulag).

(254) Klosterneuburg.

(253)

(254)

lich immer nur den Vorwurf gegen seine eigene Unzulänglichkeit in der Liebe und seine Gefühlskälte verkörpert sah. Vor etwa zwei Jahren hat er in sein Tagebuch geschrieben: „... das Wort ‚Ich liebe Dich' (habe ich nie erfahren), ich hab nur die wartende Stille erfahren, welche von meinem ‚Ich liebe Dich' hätte unterbrochen werden sollen, nur das habe ich erfahren, sonst nichts." Er bekennt, daß „die abweisende Gestalt, die (er) immer traf, nicht die (war), welche sagt: ‚Ich lieb' Dich nicht', sondern welche sagt: ‚Du kannst mich nicht lieben, so sehr Du es willst...'."[21]

Nun scheint ihm Dora endlich das Gefühl zu geben, dem Anspruch an das Glück zu genügen, denn dort, wo er nun zwangsweise versagen muß, entschuldigt ihn die Krankheit, so daß er ohne Angst erleben kann, wonach er sich sehnt. Doras aufopfernde Pflege, ihre mütterliche Wärme, Selbstlosigkeit und ihre bedingungslose Bereitschaft, ihr Leben mit dem Schwerkranken zu teilen, sind Ausdruck einer Seelengröße, die alles Leid überstrahlt. Max ist überzeugt davon, daß diese beiden Menschen „ganz wundervoll" zusammenpassen. Gerührt beobachtet er ihr verspieltes „Familienbad", das gleichsam zur symbolischen Handlung wird, wenn sie gemeinsam ihre Hände in dasselbe Waschbecken tauchen.

Kafkas Lebenswille ist stärker als je zuvor. „Ich verkrieche mich vor den Menschen nicht deshalb, weil ich ruhig leben, sondern weil ich ruhig zugrunde gehen will",[22] hatte er vor 20 Jahren behauptet. Davon kann jetzt keine Rede sein. Er hat sein Junggesellentum unter verzweifelten inneren Kämpfen bis an die Grenze des Selbstverzichts verteidigt, nun legt er es Dora zu Füßen. Einmal hatte er in einer Diskussion mit Max über Hamsuns „Segen der Erde" ausführlich dargelegt, wie in diesem Roman alles Böse von den Frauen komme – Dora beweist das Gegenteil und macht seine Bedenken zunichte. Brieflich hat er ihren Vater gebeten, sie heiraten zu dürfen. Er sei zwar in seinem Sinne gewiß kein gläubiger Jude, aber ein „Bereuender", ein „Umkehrender" und hoffe daher, in die Familie des frommen Mannes aufgenommen zu werden. Vielleicht hat sich Kafka zu diesem Schritt entschlossen, weil Dora offenbar die Grenzen seiner Liebesfähigkeit anerkennt. Vielleicht aber ahnt sein Unterbewußtsein, daß er seiner Verantwortung enthoben werden wird, noch ehe er Rechenschaft ablegen müssen wird über das Maß seiner Schuld und seiner Bewährung.

Kurz vor Max Brods Ankunft in Kierling erhält Kafka von Doras Vater die Antwort auf seine Werbung. Er ist – beeinflußt vom „Gerer Rebbe" Mordechai Alter – gegen diese Verbindung: ein Nein ohne Erklärung und unwiderruflich. Als die

(255) Das Ende eines Künstlerdaseins: „Josefine, die Sängerin", Kafkas letzte Erzählung, erscheint in der Beilage zur Prager Presse Nr. 110 vom 20. 4. 1924.

Josefine, die Sängerin.
Von Franz Kafka.

Unsere Sängerin heißt Josefine. Wer sie nicht gehört hat, kennt nicht die Macht des Gesanges. Es gibt niemanden, den ihr Gesang nicht fortreißt, was umso höher zu bewerten ist, als unser Geschlecht im Ganzen Musik nicht liebt. Stiller Frieden ist uns die liebste Musik; unser Leben ist schwer, wir können uns, auch wenn wir einmal alle Tagessorgen abzuschütteln versucht haben, nicht mehr zu solchen, unserem sonstigen Leben so fernen Dingen erheben, wie es die Musik ist. Doch beklagen wir es nicht sehr; nicht einmal so weit kommen wir; eine gewisse praktische Schlauheit, die wir freilich auch äußerst dringend brauchen, halten wir für unsern größten Vorzug und mit dem Lächeln dieser Schlauheit pflegen wir uns über alles hinwegzutrösten, auch wenn wir einmal — was aber nicht geschieht — das Verlangen nach dem Glück haben sollten, das von der Musik vielleicht ausgeht. Nur Josefine macht eine Ausnahme; sie liebt die Musik und weiß sie auch zu vermitteln; sie ist die einzige; mit ihrem Hingang wird die Musik — wer weiß für wie lange — aus unserem Leben verschwinden.

Ich habe oft darüber nachgedacht, wie es sich mit dieser Musik eigentlich verhält. Wir sind doch ganz unmusikalisch; wie kommt es, daß wir Josefinens Gesang verstehn oder, da Josefine unser Verständnis leugnet, wenigstens zu verstehen glauben. Die einfachste Antwort wäre, daß die Schönheit dieses Gesanges so groß ist, daß auch der stumpfste Sinn ihr nicht widerstehen kann, aber diese Antwort ist nicht befriedigend. Wenn es wirklich so wäre, müßte man vor diesem Gesang zunächst und immer das Gefühl des Außerordentlichen haben, das Gefühl, aus dieser Kehle erklinge etwas, was wir nie vorher gehört haben und das zu hören wir auch gar nicht die Fähigkeit haben, etwas, was zu hören uns nur diese eine Josefine und niemand sonst befähigt. Gerade das trifft aber meiner Meinung nach nicht zu, ich fühle es nicht und habe auch bei andern nichts dergleichen bemerkt. Im vertrauten Kreise gestehen wir einander offen, daß Josefinens Gesang als Gesang nichts Außerordentliches darstellt.

Ist es denn überhaupt Gesang? Trotz unserer Unmusikalität haben wir Gesangsüberlieferungen; in den alten Zeiten unseres Volkes gab es Gesang; Sagen erzählen davon und sogar Lieder sind erhalten, die freilich niemand mehr singen kann. Eine Ahnung dessen, was Gesang ist, haben wir also und dieser Ahnung nun entspricht Josefinens Kunst eigentlich nicht. Ist es denn überhaupt Gesang? Ist es nicht vielleicht doch nur ein Pfeifen? Und Pfeifen allerdings kennen wir alle, es ist die eigentliche Kunstfertigkeit unseres Volkes oder vielmehr gar keine Fertigkeit, sondern eine charakteristische Lebensäußerung. Alle pfeifen wir, aber freilich denkt niemand daran, das als Kunst auszugeben, wie pfeifen, ohne darauf zu achten, ja, ohne es zu merken und es gibt sogar viele unter uns, die gar nicht wissen, daß das Pfeifen zu unsern Eigentümlichkeiten gehört. Wenn es also wahr wäre, daß Josefine nicht singt, sondern nur pfeift und vielleicht gar, wie es mir wenigstens scheint, über die Grenzen des üblichen Pfeifens kaum hinaus kommt — ja vielleicht reicht ihre Kraft für dieses übliche Pfeifen nicht einmal ganz hin, während es ein gewöhnlicher Erdarbeiter ohne Mühe den ganzen Tag über neben seiner Arbeit zustandebringt — wenn das alles wahr wäre, dann wäre zwar Josefinens angebliche Künstlerschaft widerlegt, aber es wäre dann erst recht das Rätsel ihrer großen Wirkung zu lösen.

So war es letzthin, seltsamer aber ist, daß sie zu einer Zeit, wo ihr Gesang erwartet wurde, verschwunden war. Nicht nur der Anhang sucht sie, viele stellen sich in den Dienst des Suchens, es ist vergeblich; Josefine ist verschwunden, sie will nicht singen, sie will nicht einmal darum gebeten werden, sie hat uns diesmal völlig verlassen.

Sonderbar, wie falsch sie rechnet, die Kluge, so falsch, daß man glauben sollte, sie rechne gar nicht, sondern werde nur weiter getrieben von ihrem Schicksal, das in unserer Welt nur ein sehr trauriges werden kann. Selbst entzieht sie sich dem Gesang, selbst zerstört sie die Macht, die sie über die Gemüter erworben hat. Wie konnte sie nur diese Macht erwerben, da sie diese Gemüter so wenig kennt. Sie versteckt sich und singt nicht, aber das Volk, ruhig, ohne sichtbare Enttäuschung, herrisch, eine in sich ruhende Masse, die förmlich, auch wenn der Anschein dagegen spricht, Geschenke nur geben, niemals empfangen kann, auch von Josefine nicht, dieses Volk zieht weiter seines Weges.

Mit Josefine aber muß es abwärts gehn. Bald wird die Zeit kommen, wo ihr letzter Pfiff ertönt und verstummt. Sie ist eine kleine Episode in der ewigen Geschichte unseres Volkes und das Volk wird den Verlust überwinden. Leicht wird es uns ja nicht werden; wie werden die Versammlungen in völliger Stummheit möglich sein? Freilich, waren sie nicht auch mit Josefine stumm? War ihr wirkliches Pfeifen nennenswert lauter und lebendiger, als die Erinnerung daran sein wird? War es denn noch bei ihren Lebzeiten mehr als eine bloße Erinnerung? Hat nicht vielmehr das Volk in seiner Weisheit Josefinens Gesang, ebendeshalb, weil er in dieser Art unverlierbar war, so hoch gestellt?

Vielleicht werden wir also gar nicht sehr viel entbehren, Josefine aber, erlöst von der irdischen Plage, die allen ihrer Meinung nach Auserwählten bereitet ist, wird fröhlich sich verlieren in der zahllosen Menge der Helden unseres Volkes, und bald, da wir keine Geschichte treiben, in gesteigerter Erlösung vergessen sein wie alle ihre Brüder.

(255)

Nachricht eintrifft, ist Dora längst überzeugt davon, daß sie Franz verlieren wird. Seit einigen Tagen beobachtet sie nachts einen Totenvogel am Fenster.

Franz faßt den Brief als schlechtes Vorzeichen auf und ist so verstört, daß die Freunde Mühe haben, ihn abzulenken. Sie unterhalten sich über die geplante Italienreise von Max und besprechen ihr nächstes Zusammensein, denn entgegen allen ärztlichen Attesten scheint für Max Kafkas Lage nicht hoffnungslos zu sein. Als er am nächsten Morgen zurück nach Prag fährt, ahnt er nicht, daß dies seine letzte Begegnung mit dem langjährigen lieben Freund war.

Einmal in der Woche kommt Prof. Dr. Tschiassny, ein liebenswürdiger und uneigennütziger Mann aus Wien, und verlangt dafür fast nichts. Kafka fühlt sich zu ihm ebenso hingezogen wie zu einem jungen Wiener Arzt, zu dem er großes Vertrauen hat. Dieser kommt dreimal wöchentlich zu ihm, „allerdings nicht im Auto, sondern bescheiden mit Bahn und Autobus", so daß Kafka seine Besuche noch mehr zu schätzen weiß. Beide Ärzte sind ihm von dem jungen Architekten Leopold Ehrmann aus Prag, dessen Onkel Dr. Salomon Ehrmann in Wien einen ausgezeichneten Ruf als Dermatologe genießt, empfohlen worden.[23] Als Professor Tschiassny Kafka mitteilt, in seinem Hals sähe es besser aus, fällt er vor Freude Dora um den Hals, umarmt sie immer wieder und sagt ihr, daß er sich noch nie so sehr Gesundheit und Leben gewünscht habe wie jetzt. Aber dieser vorübergehende Erfolg ist nur ein kurzer Lichtblick. Kafkas Schmerzen werden so stark, daß das Schlukken zur reinen Qual wird. „Wenn es wahr ist, und es ist wahrscheinlich – daß mein gegenwärtiges Essen ungenügend ist, um von innen her eine Besserung herbeizuführen, dann ist ja alles aussichtslos, von Wundern abgesehn", schreibt er. Tatsächlich ist er so abgemagert, daß er kaum noch 45 Kilogramm wiegt. „Wenn die Nudeln nicht so sanft gewesen wären, hätte ich gar nicht essen können, alles auch das Bier hat mich gebrannt", teilt er seinen Freunden mit.[24] Nach Bier hat er jetzt öfter Verlangen.

Der junge Friseurgehilfe Leopold Gschirrmeister, der jeden zweiten Tag ins Sanatorium kommt, um den Patienten zu rasieren, ist entsetzt über Kafkas Aussehen. Er hat größte Mühe, ihn bei der Rasur nicht zu verletzen, so eingefallen sind seine Wangen. „Wie ein Knochengerüst schaut er aus", erzählt er voll Mitleid. Gschirrmeister glaubt, daß der Ausländer Kafka kein Deutsch verstehe, weil er kein Wort mit ihm spricht. Er hat keine Ahnung, daß der Prager Doktor ein zum Schweigen verurteilter Dichter ist.[25]

(256) Prof. Dr. Kurt Tschiassny. Auch er eilt aus Wien ans Krankenlager Kafkas, ohne ihm jedoch helfen zu können.

(257) Leopold Gschirrmeister. Er kommt alle zwei Tage ins Sanatorium, um Kafka zu rasieren.

(258) Anzeige des Kurt Wolff Verlages im Prager Tagblatt vom 20. 4. 1924.

(259) Franz Kafka. Zeichnung von Friedrich Feigl.

(260) Franz Werfel. Zeichnung von Friedrich Feigl.

(261) Max Brod. Zeichnung von Lucian Bernhard.

(258)

(259) (260) (261)

Trotz seines furchtbaren Zustandes will Kafka die Korrekturbögen seines Bandes „Ein Hungerkünstler", den ihm der Verlag „Die Schmiede" ins Sanatorium geschickt hat, lesen, auch wenn er davon überzeugt ist, daß ihn dies aufregen wird. „... ich muß es doch von neuem erleben", teilt er Robert mit. Robert empfindet den körperlichen Zustand des Freundes, in dem er fast wie der unglückliche Held seiner Erzählung verhungert, als „wirklich gespenstisch". Es gelingt Kafka tatsächlich nur die Korrektur der ersten Druckbögen seiner Prosasammlung. Diese Arbeit bedeutet nicht nur eine „ungeheure, nicht nur eine seelische Anstrengung, sondern eine Art erschütternder geistiger Wiederbegegnung für ihn", so daß ihm lange die Tränen über die Wangen rollen. Es ist das erste Mal, daß seine Freunde eine Äußerung innerer Bewegung dieser Art miterleben, da er zeitlebens eine fast übermenschliche Beherrschung gezeigt hat.[26]

Kafkas Eltern schreiben, daß sie ihn besuchen wollen. Aber er versucht sie davon abzuhalten, weil sie sein Zustand gewiß in äußerste Sorge und Beunruhigung versetzen würde. Obwohl er auf einem an Robert gerichteten Gesprächszettel seine Angst gesteht und nach einem Arztbesuch resigniert feststellt „So geht die Hilfe wieder ohne zu helfen weg",[27] versichert er den Eltern in der zweiten Maihälfte, daß er sich mit der für sie kaum vorstellbaren Hilfe Roberts und Doras – „was wäre ich ohne sie" – aus allen diesen Schwächungen hinausarbeitet. „Alles ist in den besten Anfängen", gleichzeitig aber räumt er ein, daß die besten Anfänge nichts seien „wenn man dem Besuch – und gar ein Besuch wie Ihr es wäret – nicht große, unleugbare, mit Laienaugen meßbare Fortschritte zeigen kann." Außerdem gibt er zu bedenken, daß er sich nur flüsternd unterhalten dürfe, und dies auch nicht zu oft. Rührend und verständlich gerade bei ihm, der immer penibel auf sein Äußeres bedacht war, ist die Bemerkung, daß er noch immer nicht sehr schön sei, „gar nicht sehenswert."[28] Wie sehr muß gerade ihn dieses Bewußtsein quälen, der im Juni 1921 in einem noch wesentlich besseren Zustand an Max geschrieben hat, daß ihn, wenn er gesund wäre, die Lungenkrankheit „beim Nächsten sehr stören würde, nicht nur wegen der immerhin bestehenden Ansteckungsgefahr, sondern vor allem, weil dieses fortwährende Kranksein schmutzig ist, ... schmutzig alles."[29] So fragt er die Eltern: „Sollen wir es nicht also vorläufig bleiben lassen?"

Die Eltern überlegen so lange, bis es zu spät ist.

Je mehr sich der Mai seinem Ende zuneigt, umso hoffnungsloser scheint Kafka zu werden. „Aber es ist ja nur eine

(262) Einband des Erzählbandes „Ein Hungerkünstler", Erstausgabe. Sie erscheint im Berliner Verlag „Die Schmiede" kurz nach Kafkas Tod.

(262)

dumme Beobachtung", schreibt er auf einen Zettel. „Wie ich zu essen anfing, senkte sich im Kehlkopf irgendetwas, worauf ich wunderbar frei war und schon an alle möglichen Wunder dachte, aber es ging gleich vorüber."[30] So sehr er auch des Trostes bedarf – einmal bittet er Dora: „Gib mir einen Augenblick die Hand auf die Stirn, damit ich Mut bekomme"[31] –, an tröstende Worte glaubt er längst nicht mehr. „Immer dieses ‚vorläufig' . . . Wir reden vom Kehlkopf immer so, als könne es sich zum Guten entwickeln, aber das ist doch nicht wahr."

Selbst in den Augenblicken der Freude bei seinen Versuchen, sich abzulenken, wird eine dunkle Ahnung spürbar. Sein besonderes Interesse gilt den Blumen, die ihn umgeben. Er wünscht sich Goldregen und möchte sich besonders der Pfingstrosen annehmen, „weil sie so gebrechlich sind", er liest aufmerksam Zeitungsartikel über die Behandlung gepflückter Blumen und gibt Anweisungen für ihre Pflege wie etwa „Schräg, . . . damit sie mehr trinken können, Blätter weg", aber über allen Bemerkungen liegt der Schatten des Vergehens. Sein gesteigertes Bedürfnis nach Flüssigkeit kommt einer Identifikation mit den immer durstigen Pflanzen gleich, die – in ihrer schönsten Blüte losgelöst von ihrem Lebensquell – zum Tode verurteilt sind.

(263) Am Balkon von Kafkas Sterbezimmer.

„Sehen Sie den Flieder, frischer als ein Morgen."

„Wie wunderbar das ist, nicht? der Flieder – sterbend trinkt er, sauft er noch."

Immer wieder ist es der Flieder, dem seine größte Anteilnahme gehört, dem Flieder, mit dem es zu Ende geht wie mit ihm. „Das gibt es nicht, daß ein Sterbender trinkt."[32]

Am Montag, dem 2. Juni, geht es Kafka überraschend gut. Er ist lustig und freut sich an allem, was Robert aus der Stadt bringt. Er ißt Erdbeeren und Kirschen, riecht an ihnen und genießt ihren Duft, wie er überhaupt in den letzten Tagen alles mit doppelter Intensität genossen hat.

Dora, selbst fast am Ende ihrer Kräfte, sitzt nachts an seinem Bett und wacht über seinen Schlaf. Im Morgengrauen merkt sie, daß Franz mühsam atmet. Beunruhigt holt sie Klopstock. Er erkennt die Gefahr und weckt den Arzt, der ihm eine Kampferinjektion gibt. Einmal hat Kafka zu Max gesagt, daß er „auf dem Sterbebett, vorausgesetzt, daß die Schmerzen nicht zu groß sind, sehr zufrieden sein werde."[33] Aber diese Zufriedenheit bleibt ihm versagt. Seine Schmerzen sind so unerträglich, daß er Robert bittet, ihm Morphium zu geben. „Sie haben es mir immer versprochen", erinnert er ihn, „seit vier Jahren."

Verzweifelt fordert er den Freund auf: „Töten Sie mich, sonst sind Sie ein Mörder!"

(264) „Das Unglück eines fortwährenden Anfangs, das Fehlen der Täuschung darüber, daß alles nur ein Anfang und nicht einmal ein Anfang ist, . . ." (Franz Kafka).

(264)

Er beruhigt sich erst, als man ihm Pantopon gibt. „So ist es gut, aber mehr, mehr, es hilft ja nicht."

Ihm ist nicht mehr zu helfen. Er weiß es und gibt auf: „Jetzt nicht mehr quälen, wozu verlängern."

Als sich Klopstock vom Bett entfernt, um die Spritze zu reinigen, bittet er: „Gehen Sie nicht fort." Der Freund beruhigt ihn: „Ich gehe ja nicht fort." „Aber ich gehe fort", erwidert Kafka und schließt die Augen.[34]

Er geht am Dienstag, dem 3. Juni 1924 um die Mittagszeit. Ein Regenbogen schlägt seine Brücke auf dem düsteren Wolkenhimmel, der nur ab und zu von einem Sonnenstrahl durchbrochen wird.[35]

Der Arzt stellt den Tod durch Herzlähmung fest.[36]

So, wie das ganze Leben des Dichters verlaufen ist, wird er nun am 5. Juni in einem verlöteten Sarg nach Prag überführt, ohne daß jemand Notiz davon nimmt.

(265, 266) Anzeigen der Eltern über Franz Kafkas Tod, deutsch im „Prager Tagblatt", tschechisch in der „Národní Listy".

(267) Sterbe-Protokoll von Kierling.

Laufende Nr.	Haus-Nr.	Name	Charakter oder Beschäftigung	Alter	Religion	Stand
		1924				
		Bendel Josef	Singel	26/9 1841	k.	v.
1.	170.					
		D. Franz Walther	Schiftsteller	3/VII 1883	mos.	l.
2.	71.					
		Schundstein S.t.f.	Privat	31/12 1848	k.	w.
3.	26.					
		Zimmer Christian	Schimerhill	24/12 1857	k.	v.
4.	9.					
		Gebrüder Thim	Singel	24/3 1888	k.	v.
5.	71.					
		Eckhart Karl	Pfleger	25/VII 1907	k.	v.
6.	19.					

DAS LEBEN, DAS MICH STÖRT 153

*(268, 269)
Seite mit der
Eintragung von
Kafkas Tod.*

WER IST FRANZ KAFKA?

Die Welt hat sich nicht um den lebenden Kafka gekümmert – sie kümmert sich schon gar nicht um den toten, gerade jetzt nicht, wo sie noch ganz im Bann der Sensationsmeldung über das Attentat auf Bundeskanzler Dr. Ignaz Seipel steht, der ein paar Jahre später seinen Aufenthalt im Sanatorium Wienerwald nicht überleben und als berühmtester Patient in die Chronik des Hauses eingehen wird.

Die Zeitungen sind voll von Entrüstung und Teilnahmskundgebungen über den Mordanschlag. In der „Neuen Freien Presse" vom 3. Juni 1924 ist „über die Psychologie eines Verbrechens" zu lesen:

„Jaworek! Man wird sich diese ungefügen Silben merken müssen... Hier ist die Aufblähung eines Zwerges mit so phantastischer Gewaltsamkeit, daß alle bisherigen Begriffe versagen und nicht einmal die Bezeichnung Wahnsinn ausreicht, denn Wahnsinn, das ist doch wenigstens etwas Definierbares."

(270) Neuer jüdischer Friedhof in Prag-Straschnitz, auf dem Franz Kafka am 11. Juni 1924 bestattet wird.

Ist Kafka definierbar? Dies festzustellen, nimmt man sich nicht Zeit, wenigstens jetzt nicht. Hermann Bahr erinnert sich an Hartleben, Erwin Schaeffer schreibt am selben Tag in der „Wiener Zeitung" über das internationale Manifest aus Anlaß der Feier des 100. Geburtstages des größten Prager Tondichters Smetana; der Tod der Schriftstellerin Ulla Frank (Wolff), der ersten weiblichen Journalistin in Berlin, wird bekanntgegeben – der Name Kafka scheint nirgends auf. Am 4. Juni beschäftigt sich die „Neue Freie Presse" mit der „kommunistischen Wühlarbeit" in Deutschland, erst im Morgenblatt vom 6. Juni findet sich eine unscheinbare Notiz von 34 Worten über den Tod des Dichters in Kierling bei Klosterneuburg – kaum mehr als die Mitteilung der Telegraphenkompagnie über den Transport eines Rennpferdes auf dem Luftwege zum ersten Mal in der Geschichte der Luftfahrt.[1]

Da muß erst Anton Kuh kommen, der berühmt-berüchtigte „dünne Mann mit dem ewigen Monokel" und die gesamte Presse Wiens mit einem Nachruf beschämen, den „Die Stunde" sieben Tage nach Kafkas Tod veröffentlicht:

„Er starb, und kein Causeur-Hahn krähte nach ihm... Warum? Aus literarischer Unbildung? Oder weil der Verstorbene der edlen Minorität beizuzählen war und nicht den Zeitungsgefälligen? Mag sein. Aber der Hauptanteil lag sicher darin, daß dieser Franz Kafka, in dessen äußerlich knappem Werk Sprache endlich wieder ein Gesicht trägt, nirgends der affek-

(271) Aufbahrungshalle.

(272) Gebetpulte und Sargbahre in der Aufbahrungshalle.

(273) Das Grab Kafkas. Der Grabstein stammt vom Prager Architekten Leopold Ehrmann.

(272)

(273)

Die hebräische Grabinschrift lautet:
Dr. Franz Kafka
1883–1924
Dienstag, Beginn des Monats Siwan 5684. Der obgenannte, prachtvolle, unvermählte Mann, unser Lehrer und Meister Anschel, seligen Andenkens, ist der Sohn des hochverehrten R. Henoch Kafka, sein Licht möge leuchten. Der Name seiner Mutter ist Jettl. Seine Seele möge eingebunden sein im Bund des Lebens!

tierten Verhimmelung und Anbiederung Stoff gab, weil er eben völlig und in seinem Ja so gut wie in seinem Nein jenseits der Zeitungswelt lebte, ein Insasse der einsamen Dreidimensionalität der Kunst.

Später werden sie sein Leben ... dem Pascals vergleichen; sie werden Zusammenhänge zwischen seinen Dichtung gewordenen Traumberichten und der Psychoanalyse aufdekken; der Name Kleist wird die Vergleiche krönen.

Heute wissen sie sich nicht einmal der Ehre würdig zu erweisen, die dieser aus Prag Stammende Wien antat, in dem er, einen Kilometer von unserer Stadt entfernt, seine letzten Tage verbrachte und starb.

Kierling bei Klosterneuburg ist durch ihn in die Literaturgeschichte gekommen."[2]

(274) Der alte jüdische Friedhof in Prag.

Während der tote Franz Kafka in der mystischen Aufbahrungshalle des Neuen jüdischen Friedhofes in Prag-Straschnitz, endlich befreit von seinem Leid, zum letzten Mal seine Freunde erwartet, interessiert sich Prag gerade für ein „Weltereignis", das eine „ungeheure Veränderung" bedeutet: bei den Damen ist der Bubikopf in Mode gekommen. Neue Zeiten sind angebrochen. Am 21. Jänner war Lenin gestorben, Trotzki hat man verbannt, mit Wilsons Tod am 3. Februar ist „einer der Hauptarchitekten des neuen Friedens" dahingegangen, in Italien veranstalten die „Faschisten ihre schwarzen Umtriebe"[3], in Österreich sorgt man sich nicht nur um Seipels Gesundheitszustand, sondern auch um die sittliche Bedrohung der Jugend durch einen gewissen Bettauer, der mit der Verbreitung seiner „jüdischen Schweinerei" in seinen „Er und Sie"-Heften eine antisemitische Hetzjagd unter dem Deckmäntelchen moralischer Empörung auf den Plan ruft – und die Wiener Medizinstudenten beklagen seit Monaten den „Mangel an Gratisleichen".

Wer ist schon Kafka? Nur die Freunde und ein paar „Entdeckernaturen unter den Verlegern, Herausgebern, Schriftstellern oder Menschen des Geistes" – unter ihnen Kurt Wolff, Franz Blei, Paul Wiegler, Ludwig Winder, Johannes Urzidil, Josef Körner, Hans Regina von Nack und Ludwig Hardt – wissen, daß sie ein genialer Dichter verlassen hat, der nicht „Endergebnis, sondern Anfang einer neuen Epoche war".[4]

(275) Die Sorgen der Wiener: Der Gesundheitszustand von Bundeskanzler Dr. Ignaz Seipel nach einem überlebten Mordanschlag.

Am Mittwoch, dem 11. Juni 1924, wird Kafka um vier Uhr nachmittags bei schönem Spätfrühlingswetter bestattet. Am Beginn des Trauerzuges, der den Sarg von der Zeremonienhalle zum offenen Grab geleitet, geht gleich hinter den Familienangehörigen Franz Kafkas letzte Gefährtin Dora Diamant, gestützt von

(276) Wer verschenkt seine Leiche? („Wiener Zeitung" vom 19. 1. 1924.)

Leichenmangel im Anatomischen Institut. Der Notstand des Anatomischen Instituts infolge Mangels an Leichenmaterial zu Studienzwecken ist seit Beginn des laufenden Studienjahres in ein so akutes Stadium getreten, daß das Institut vor der Gefahr der Schließung steht. Die Leiter des Instituts Hofrat Professor Dr. **Hochstetter** und Professor Dr. **Tandler** haben gestern vor den Vertretern der Wiener Presse die Notlage des Instituts geschildert. Mit 1. Jänner 1923 hat das Bundesministerium für soziale Verwaltung die Bestattung der in den Spitälern Verstorbenen einer privaten Firma übertragen. Diese hat es verstanden, die Zahl der Gratisleichen so sehr einzuschränken, daß im kommenden Studienjahr das Institut vor der Gefahr eines nahezu gänzlichen Mangels an Leichen steht, da vom 1. Oktober bis Ende Dezember vorigen Jahres im ganzen sieben Leichen eingeliefert wurden. Das sind ganz absurde, unhaltbare Zustände, die es vollkommen ausschließen, das Anatomische Institut, falls nicht ein radikaler Wandel geschaffen wird, im nächsten Studienjahr zu öffnen. Die Studentenschaft hat ein Memorandum ausgearbeitet, das sie sowohl den Regierungsstellen als auch den politischen Parteien des Nationalrates überreichen wird, um die Aufmerksamkeit aller in Betracht kommenden Stellen auf die unhaltbaren Zustände in dem Anatomischen Institut zu lenken.

(277) Hugo Bettauer, der mit seinen Aufklärungsschriften die Jugend „verdirbt", löst politische Machtkämpfe aus. („Wiener Neustädter Zeitung" vom 15. 3. 1924.)

Rundschau.

Ein feiner Lehrer. Über Antrag des Wiener Jugendamtes war ein pornographisches Machwerk des Juden **Bettauer** verboten worden. Da aber Bettauer ein waschechter Genosse ist, hat der Bürgermeister von Wien, als Landeshauptmann, Bettauers Anleitung zum Schmutze freigegeben. Ein Bürgermeister, der sich als ehemaliger Lehrer dazu hergibt, ein Attentat auf die Moral der Jugend zu unterstützen, ist wohl nirgends auf der Welt möglich als ausgerechnet unter unseren Marxisten. Pikant ist es jedenfalls auch, daß derselbe Bürgermeister Genosse **Seitz** am 12. März in einer roten Versammlung über „Wien als Kulturzentrum" sprach!!!

Max Brod. Als der Sarg in die Erde sinkt, schreit sie „qualvoll und durchdringend auf", aber ihr Schluchzen geht im hebräischen Totengebet unter, das die Hoffnung auf Erlösung verkündet. „Schreiben als Form des Gebets" war Kafkas Definition des Schriftstellers gewesen, und sein Glaube: „Wenn auch keine Erlösung kommt, so will ich doch in jedem Augenblick ihrer würdig sein."[5]

(278) Ankündigung eines Gedächtnisabends Ludwig Hardts für Franz Kafka in der „Wiener Zeitung" vom 20. 6. 1924.

(279) Eine Besprechung der Feier von Edwin Rollet in der „Wiener Zeitung" vom 25. 6. 1924.

Theater und Kunst.

Gedächtnisfeier für Franz Kafka.

Eine von vielen versäumte Pflicht hat Ludwig Hardt gestern in wunderschöner, würdiger Weise erfüllt. Dem Gedächtnis des kürzlich verstorbenen leisen, weltfernen Dichters Franz Kafka war sein Vortragsabend geweiht. Wie die exotischen Blüten ferner Länder voll unbekannten, verführerischen Duftes in seltsamen liebeatmenden und doch erdenwarmen Farben sind diese Dichtungen. Das Pathos des Herzens füllt erwärmend die Seele seiner Kunst. Ihre verschlungenen Linien sprechen geklärte Weisheit. Was sich im Kleide der Groteske bietet, ist tiefes Erlebnis eines Bereicherers des Geistes und eines Formgewaltigen, der dem Erleiden seiner Seele aus Wort und Klang ein Eigenleben auferbaute. Wehmut und Spielfreude mengen sich. Es ist nicht Tadel an der Welt und dem Leben, was sich darin mit mitleidiger Verbrämung ausspricht, sondern lächelndes, ruhendes Verstehen, und über allem schwebt ein süßer Mollton des Verzichtens.

Ludwig Hardt, der schon lange ein Verkünder der Größe dieses jung dahingegangenen reichen Dichters ist, ist auch der wahre Vermittler seiner Kunst. Die geistige Ausarbeitung seines Vortrages folgt, und folgte bei dem gestrigen Abend ganz besonders, feinnervig und empfindlich jeder Schwebung der dichterischen Seelenlaute, die deklamatorische Formgebung bleibt nirgends etwas schuldig, sie erhebt die phantastische Unheimlichkeit der Menschwerdung des Affen in die Höhe des Mysteriums, ohne ihr dabei die Physiognomie des tierischen Vorganges irgendwo zu nehmen. Sein Sprechen gibt der freundlichen Resignation, der zärtlichen Ironie Klang und Melodie. Das feinste und tiefste Stück des Abends „Elf Söhne" wird zu einem großartigen Bekenntnis verstehenden Menschentums, formt sich zum Kniefall vor dem Reichtum des Lebens. Die Klänge der Todesahnung, der Sehnsucht nach Zufriedenheit im Tode, nach dem Wohlsein des Nichts schienen wie leises Hauchen zum frischen Grabe ihres Schöpfers hinzuwehen.

Edwin Rollett.

(280) Nachruf Milena Jesenskás in der „Národní Listy":
Prag, Freitag, 6. Juni 1924: Vorgestern starb im Sanatorium in Kierling bei Klosterneuburg in der Nähe von Wien der deutsche Schriftsteller Dr. Franz Kafka, der in Prag lebte. Hier kannten ihn nur wenige Menschen, da er ein so scheuer, ein so wissender, durch das Leben verschreckter Mensch war; er litt an einer Lungenkrankheit und war schon jahrelang in Behandlung, doch nährte er das Leiden bewußt und hat es gedanklich unterstützt. „Wenn die Seele und das Herz die Last nicht mehr ertragen können, dann möge die Lunge einen Teil übernehmen, damit die Last wenigstens gleichmäßig verteilt wird", schrieb er einmal in einem Brief; und so war es auch mit seiner Krankheit. Sie verlieh ihm eine Feinsinnigkeit, eine mehr als rätselhafte, intellektuelle und schauderhaft kompromißlose Ästhetik; seine ganze intellektuelle Lebensangst bürdete er noch seiner Krankheit auf. Er war schüchtern, ängstlich, sanft und gütig, aber schrieb grausame und leidvolle Bücher. Die Welt sah er voller unsichtbarer Dämonen, die einen schutzlosen Menschen zerstören und zerschmettern.
Er war zu hellsichtig, zu klug, um leben zu können, und viel zu schwach, um zu kämpfen. Er war von der Schwäche der edlen Wesen, der herrlichen Menschen,

Das Leben, das mich stört

die den Kampf mit der Angst vor Mißverständnis, Unliebenswürdigkeit und intellektueller Lüge nicht aufnehmen können, weil sie im voraus wissen, daß sie, unfähig und unterlegen, den Sieger beschämen. Er kannte die Menschen, wie sie nur Wesen mit großer, herrlicher Feinfühligkeit kennen können; Wesen, die einsam sind und fast prophetisch aus einem einzigen Aufflackern im Gesicht den Menschen erkennen. Ungewöhnlich und tief kannte er die Welt, ungewöhnlich und tief war er selbst. Seine Bücher waren die markantesten der jungen deutschen Literatur; in ihnen ist der Kampf der heutigen Weltgeneration, doch ohne tendenziöse Worte. Sie sind wahrhaftig, entblößt und schmerzlich, so daß sie, wenn er sich sinnbildlich ausdrückt, mehr als naturalistisch sind. Sie sind voll von trockenem Spott und vom sensiblen Staunen eines Menschen, der die Welt so klar sah, daß er es nicht ertragen konnte, und deshalb sterben mußte, weil er nicht wie die anderen nachgeben und sich in irgendwelche intellektuelle, unterbewußte, vielleicht sogar edelste Fehler retten wollte. Dr. Franz Kafka schrieb das Fragment „Der Heizer" (in tschechischer Übersetzung abgedruckt in Neumanns „Červen"/Juni) als erstes Kapitel des bisher unveröffentlichten Romanes „Das Urteil", ein Konflikt zweier Generationen; „Die Verwandlung", das gewaltigste Buch der modernen deutschen Literatur, „Die Strafkolonie" und die kleinen Erzählungen „Die Betrachtung" und „Der Landarzt". Der letzte Roman „Vor dem Gericht", liegt bereits seit Jahren als Manuskript vor. Es ist eines dieser Bücher, das den Eindruck einer so inhaltsreichen Welt hinterläßt, daß man, wenn man es zu Ende gelesen hat, kein Wort mehr hinzufügen könnte. In allen seinen Büchern schildert er das Grauen geheimnisvoller Mißverständnisse zwischen Menschen, durch unverschuldete Schuld. Er war ein Mensch und Künstler von so ängstlichem Gewissen, daß er auch dort etwas vernahm, wo andere taub waren und sich geborgen fühlten.

Milena Jesenská

(280)

(281) Kondolenzschreiben der Arbeiter-Unfall-Versicherungs-Anstalt an die Eltern.

(282) Berechnung des Sterbegeldes. Am 13. Juni legt Kafkas Schwager Dr. Josef David der Anstalt den Totenschein vor, am selben Tag wird die Anweisung des Sterbegeldes an die Eltern bewilligt.

Herr Dr. Kafka war im aktiven Dienst der Anstalt: 13 Jahre und 11 Monate.
Seine letzten effektiven Gehälter betrugen:
1./IV/ab 1.III.920/
Dienstbezug . . . . . . 11.508,– Kč.
Wohnungs-
beitrag. . . . . 4.608,– Kč.
dzt. Teuerungs-
zuschuß . . . . 4.200,– Kč.
dzt. einmaliger
Betrag . . . . 9.260,– Kč.
2 Entlohnungen
(erhöhte) . . . . 2.808,– Kč.
Gesamtbetrag,
jährlich . . . . 33.384,– Kč.
Da der Verstorbene unverheiratet war, gebührt seinen Eltern nach dem § 15 der Pensionsregel der Beerdigungsbeitrag in der Höhe eines Viertels seiner Pensionsgrundlage, d. i. Kč. 17.456,40 Pension Kč. 4.364,10, aufgerundet auf Kč. 4.365,–
Andere Ansprüche sind durch das Ableben nicht entstanden.
19 4./VI.24

(283) Prager Burg

Bibliographie

Kafka, Franz: Briefe 1902–1924, herausgegeben von Max Brod, Frankfurt/Main, 1980. Abkürzung: BR

Kafka, Franz: Sämtliche Erzählungen, herausgegeben von Paul Raabe, Frankfurt/Main, 1982. Abkürzung: E

Kafka, Franz: Briefe an Felice, herausgegeben von Erich Heller und Jürgen Born, Frankfurt/Main, 1967. Abkürzung: FKF

Kafka, Franz: Briefe an Ottla und die Familie, herausgegeben von Hartmut Binder und Klaus Wagenbach, Frankfurt/Main, 1981. Abkürzung: O

Kafka, Franz: Tagebücher 1910–1923, herausgegeben von Max Brod, Frankfurt/Main, 1981. Abkürzung: T

Kafka, Franz: Kritische Ausgabe; Schriften, Tagebücher, Briefe, 12 Bde., herausgegeben von Jürgen Born, Gerhard Neumann, Malcolm Pasley, Jost Schillemeit, Frankfurt/Main, 1982 ff.

Andreatti, J. B.: Die leichte Heilbarkeit der Tuberkulose. Ihr Haupthindernis: die Lungenheilstätten, Wien, 1925.

Anzeiger: Herausgeber Hohe Warte, Wien, 1924.

Benjamin, Walter: Franz Kafka. Eine Würdigung, in: Schriften Bd. 2, Frankfurt/Main 1955

Bezzel, Chris: Kafka-Chronik, München, 1983. Abkürzung: FKC

Binder, Hartmut: Franz Kafka. Leben und Persönlichkeit, Stuttgart, 1979. Abkürzung: FKL

Binder, Hartmut/Parik, Jan: Kafka. Ein Leben in Prag, München, 1982. Abkürzung: KP

Brod, Max: Über Franz Kafka, Frankfurt/Main, 1980. Abkürzung: FK

Brod, Max: Streitbares Leben, München, 1980.

Brünings, Wilhelm/Denker, Alfred: Lehrbuch der Krankheiten des Ohres und der Luftwege, Jena, 1915.

Buber-Neumann, Margarete: Kafkas Freundin Milena, München, 1962. Abkürzung: FKM

Cerná, Jana: Adresát Milena Jesenská, herausgegeben vom Klub Mladá Poesie, Prag, 1969.

Chiari, Ottokar/Kahler, Otto: Die neue Wiener Klinik für Kehlkopf- und Nasenkrankheiten, Berlin-Wien, 1912.

Hardt, Ludwig: Vortragsbuch, Hamburg, 1924.

Heintz, Günther: Zu Franz Kafka. Interpretationen, Stuttgart, 1979.

Hodin, Josef Paul: Kafka und Goethe, London-Hamburg, 1969. Abkürzung: FKG

Janouch, Gustav: Gespräche mit Kafka, Frankfurt/Main, 1981.

Karpatenpost: Jänner/Februar, 1982.

Klinisch-therapeutische Wochenschrift: Berlin-Wien, Jg. 1912, Nr. 22.

Kuh, Anton: Luftlinien, herausgegeben von Ruth Greuner, Wien, 1981. Abkürzung: L

Lesky, Erna: Meilensteine der Wiener Medizin, Wien, 1981.

Neue Freie Presse: Wien, 3. 6. 1924, 6. 6. 1924.

Rokyta, Hugo: Die böhmischen Länder, Salzburg, 1970.

Sablik, Karl: Julius Tandler, Mediziner und Sozialreformer, Wien, 1983.

Sanatorium Wienerwald: Prospekt der Lungenheilanstalt.

Schnitzler, Arthur: Jugend in Wien, Frankfurt/Main, 1981.

Sokel, Walter H.: Franz Kafka. Tragik und Ironie, Frankfurt/Main, 1976

Szittya, Emil: Das Kuriositäten-Kabinett..., Konstanz, 1923.

Urzidil, Johannes: Da geht Kafka, München, 1966.

Wagenbach, Klaus: Franz Kafka. Eine Biographie seiner Jugend, 1883–1912, Bern, 1958.

Wagenbach, Klaus: Franz Kafka. Bilder aus seinem Leben, Berlin, 1983.

Wagenbach, Klaus: Franz Kafka in Selbstzeugnissen und Bilddokumenten, Reinbek bei Hamburg, 1970.

Wiener klinische Wochenschrift: Wien, Jg. 1917, Nr. 25.

Wiener Neustädter Nachrichten: Wiener Neustadt, 28. Jg., 15. 3. 1924.

Wiener Zeitung: Wien, 3. 6. 1924.

Zikeš, Vladimir: Franz Kafka a Praha, Prag, 1947.

Quellennachweis

Prolog
1 T 38
2 T 144
3 T 184
4 Furche Nr. 40 vom 3. 10. 1964
5 L 9
6 Furche Nr. 40 vom 3. 10. 1964
7 L 15
8 Furche Nr. 40 vom 3. 10. 1964
9 L 15
10 Mittlg. Dr. Leo Brod
11 T 277, 210
12 T 29, 39
13 T 312
14 T 74
15 T 58, FK 70
16 T 69
17 Klinisch-therapeutische Wochenschrift, Jg. 1912, Nr. 22
18 T 166
19 T 311
20 FKF 690
21 Andreatti

1917 – Der Ausbruch der Tuberkulose
1 O 39
2 M 8
3 M 123
4 FK 144, O 39
5 BR 159
6 T 195
7 T 331
8 T 331
9 T 319
10 T 333
11 O 45
12 BR 161, 165, 191
13 T 333, BR 181, 187
14 BR 202
15 BR 198
16 M 37, BR 242
17 BR 253
18 FKL 448
19 T 336, FKL 450
20 FK 370
21 BR 429
22 BR 261, 265
23 BR 263
24 BR 262
25 BR 269, O 78
26 M 7, O 78, 83
27 O 93
28 T 286, 287
29 BR 252
30 Kuriositätenkabinett 292, 293
31 BR 457
32 FKM 99
33 FKM 116
34 FKC 157
35 M 152, 153
36 M 121, 182
37 M 183
38 T 198
39 M 179
40 M 192
41 M 191, Mittlg. Slávka Vondráčková
42 FKM 99
43 FKM 109
44 FKM 112, 113
45 BR 317
46 T 346

In der Hohen Tatra
1 O 95 bis 98
2 O 98
3 O 98
4 O 98
5 BR 298
6 BR 288
7 BR 293, 294
8 BR 304
9 BR 306
10 T 133
11 T 82
12 T 268
13 BR 305
14 BR 319
15 Mittlg. Lili Hatvany
16 BR 319
17 Mittlg. Lili Hatvany
18 BR 302, O 115
19 BR 319
20 Mittlg. Lili Glaser-Pálné
21 BR 323
22 BR 311, 313
23 BR 286
24 Mittlg. Lenke Koromzay, Lenka Indra, Karpatenpost Jänner/Februar 1982
25 O 120
26 BR 322
27 BR 304
28 BR 285
29 ärztliches Gutachten (Foto)
30 BR 315, O 130
31 BR 320
32 BR 322
33 BR 317
34 BR 339

„Die ewigen Qualen des Sterbens"
1 T 339, 341, 342
2 BR 357
3 T 262, BR 195
4 FKC 171
5 T 341
6 BR 343
7 BR 362
8 BR 357, 359, 364
9 T 341
10 T 339, 351
10ª T 345
11 T 345, 347
12 T 353 bis 355, BR 370
13 T 359
14 BR 374
15 BR 373
16 pers. Erinnerungen an Prof. E. v. Tschermak-Seysenegg, Nationale Klopstocks der Deutschen Universität Prag (Foto)
17 BR 382
18 BR 385
19 BR 386
20 BR 413
21 BR 417
22 M 179
23 BR 423 bis 425
24 BR 436
25 BR 436
26 FKG 22, 23
27 BR 435, 438, 439
28 T 351
29 BR 447
30 BR 456, 465
31 FKC 188
32 BR 470
33 FKG 25
34 BR 472, 473
35 BR 470
36 BR 476
37 BR 521, E
38 BR 478, T 365

„Unmerkliches Leben. Merkliches Mißlingen"
1 T 358
2 Mittlg. Dr. Leo Brod
3 FKC 180, 192, Mittlg. Anna Langer
4 Sanatorium Wienerwald, Prospekt
5 BR 479
6 Sanatorium Wienerwald, Prospekt, Mittlg. Lotte Ingham (geb. Müller), Madlene Rainer, Hans Kraus, Alfred Hirsch
7 BR 480
8 Mittlg. Lotte Ingham (geb. Müller)
9 BR 480, 481

In der schönsten laryngologischen Klinik der Welt
1 Die neue Wiener Klinik für Kehlkopf- und Nasenkrankheiten, Meilensteine der Wiener Medizin, Erna Lesky
2 FK 178
3 Lehrbuch der Krankheiten des Ohres und der Luftwege

4 T 48, 49, 139, Krankengesichte Kafkas (Foto)
5 Aufnahmeprotokoll des Allgemeinen Krankenhauses Wien, Krankengeschichte Kafkas (Foto)
6 Aufnahmeprotokoll des Allgemeinen Krankenhauses Wien, Krankengeschichte Kafkas (Foto), Krankengeschichte Schrammels, Mittlg. Leopoldine Schrammel
7 BR 481, Krankengeschichte Kafkas
8 FKG 32
9 Krankengeschichte Kafkas (Foto), Krankengeschichte Schrammels
10 E 319
11 T 279
12 T 127, Streitbares Leben, Max Brod 13, 16
13 FK 178
14 Jugend in Wien, Arthur Schnitzler 206, 307
15 Mittlg. Prof. Dr. Otto Novotny
16 BR 487, FKG 32, FK 178
17 Mittlg. Leopoldine Schrammel, Josef Schrammel
18 E 96, 196, 284, 286
19 FK 179

Endstation Kierling
1 Mittlg. Hella Schatz, NÖ. Amtskalender 1913, Anzeiger Hohe Warte
2 Bescheid der Arbeiter-Unfall-Versicherungs-Anstalt Prag (Foto)
3 BR 481, 482
4 Mittlg. Hella Schatz, Barbara Karner, Henriette Thallmayer (geb. Waldstätten-Zipperer)
5 Mittlg. Leopold Gschirrmeister
6 Mittlg. Stefanie Kabelac
7 BR 482
8 Mittlg. Barbara Karner, Henriette Thallmayer (geb. Waldstätten-Zipperer)
9 Mittlg. Med. Rat Dr. Fritz Müller
10 Mittlg. Gisela Henning, Wiener Klinische Wochenschrift Nr. 25, Mittlg. Dr. Berthold Weinrich, AKM Wien
11 BR 481, Lehrbuch der Krankheiten des Ohres und der Luftwege, Mittlg. Med. Rat Dr. Fritz Müller
12 Mittlg. Med. Rat Dr. Fritz Müller
13 O 155
14 BR 486, 487
15 FK 179
16 FK 179
17 BR 489
18 FK 179
19 Mittlg. Henriette Thallmayer (geb. Waldstätten-Zipperer)
20 T 144
21 T 357 bis 358
22 T 256
23 Mittlg. Anna Langer
24 BR 484, 488
25 Mittlg. Leopold Gschirrmeister
26 BR 487, 520, 521
27 BR 491
28 O 155, 156
29 BR 335
30 BR 485
31 BR 491
32 BR 484, 485, 488, 489, 491
33 T 279
34 FK 189
35 Anzeiger Hohe Warte
36 Sterbebuch Archiv Klosterneuburg (Foto)

Wer ist Franz Kafka?
1 Wiener Zeitung vom 3. 6. 1924, Neue Freie Presse vom 3. 6. 1924, 4. 6. 1924, 6. 6. 1927
2 L 471
3 Da geht Kafka, J. Urzidil, 98
4 Da geht Kafka, J. Urzidil, 100
5 Da geht Kafka, J. Urzidil, 103

Quellennachweis zu den Bildtexten
6 T 108
11 T 103
13 T 291
14 O 50
16 T 291
23 BR 109
44 Mittlg. Slavká Vondráčková
49 FK 180
51 O 41
55 O 44, 45
58 BR 244, 243
67 O 75
68 O 55
70 O 64
89 L 20, 21
93 Mittlg. Slavká Vondráčková
118 BR 296
125 BR 365, Mittlg. Josef Litván
134 O 110
138 BR 335
155 BR 376, 398
165 BR 458
175 Vortragsbuch Ludwig Hardt 11, 20, 21
220 Julius Tandler, Mediziner und Sozialreformer 336
229 BR 482
264 T 338

BILDNACHWEIS

Archiv der Karlsuniversität, Prag: 8, 154;

Archiv der Stadt Gmünd: 96, 97;

Archiv der Stadt Klosterneuburg: 234, 237, 240, 241, 243, 244;

Archiv des Gemeindeamtes Pernitz: 181, 182;

Archiv des Museums für tschechische Literatur, Prag: 13, 19, 21 (vgl. „Franz Kafka. Eine Biographie seiner Jugend. 1883–1912", Klaus Wagenbach, Bern 1958, Abb. 17), 22 (ebenda Abb. 16), 43, 49, 55, 99, 132, 133, 139, 153, 161, 166, 167, 179, 255, 258, 265, 266, 280, 281, 282;

Bezirksmuseum Alsergrund, Wien: 78, 81, 82, 85, 86, 87, 88, 94, 95, 201, 202, 222, 224, 225, 226, 227;

Bildarchiv des Instituts für Geschichte der Medizin der Universität Wien: 205, 207, 219, 252, 256;

Bildarchiv der Österreichischen Nationalbibliothek, Wien: 6, 20, 90, 149, 208, 235, 254;

Archiv der Forschungsstelle für Prager deutsche Literatur, Gesamthochschule Wuppertal: 177, 229;

Hartmut Binder, Ditzingen: 14, 25, 26, 56, 57, 163, 270, 271, 272, 273;

Handschriftensammlung der Landesbibliothek Széchenyi: 126;

Josef P. Hodin, London: 259;

Vladimír Hyhlík, Prag: 7, 16, 46, 51, 52, 53, 58, 63, 64, 65, 71, 156, 157, 158;

Landesbildstelle, Berlin: 169, 170, 172, 174;

Landesrabbiner-Seminar, Budapest: 128;

Anna Langer, Prag: 60, 62, 145, 146;

Wolfgang Negwer, Bad Homburg v. d. H.: 155;

Private Sammlung alter Kinderbücher, Johanna Mondschein, Wien: 123, 124;

Florian Pichler, Meran: 73, 74, 75, 76, 77;

Plakat- und Kleindrucksammlung der Landesbibliothek Széchenyi: 107, 118, 129, 130;

Hans Recht, Wien: 69, 70;

Werner J. Schweiger, Wien: 89;

Staatliches Kreisarchiv, Levoča: 119, 120, 136, 137, 138, 143;

Staatsarchiv, Preßburg: 122;

Ullstein-Bildarchiv, Berlin: 171, 176, 178;

Slavká Vondráčková, Prag: 83 (vgl. „Franz Kafka und seine Welt", Gustav Janouch, Wien–Stuttgart–Zürich 1965, Seite 141), 84 (vgl. Zeitschrift „Pestrý Týden", Prag 1927, Nr. 27, Seite 18), 93;

Archiv Klaus Wagenbach: 1, 54, 66, 67, 101, 116, 135, 262;

Berthold Weinrich, Zwettl: 245, 246, 249, 250, 251;

aus: „Deutsche Dichter aus Prag", herausgegeben von Oskar Wiener, Wien–Berlin 1919: 18 (vgl. „Franz Kafka 1883–1924", Klaus Wagenbach, Berlin 1966, Seite 43), 260;

aus dem Jahresbericht der Höheren Bundeslehranstalt für Wein- und Obstbau, Klosterneuburg, Schuljahr 1918/19: 68;

aus: „Rózsadombés violeke", Csakányi Lajos, Budapest 1935: 131;

aus: „Zmizelá Praha", Band I–VI, Cyril Merhout, Prag 1945–1948: 12, 48;

aus: „Weltstimmen", Stuttgart: Jahrg. 1929, 3. Heft: 91.

Alle übrigen Bilder: Rotraut Hackermüller, Wien.

Dank

Wertvolle bisher unbekannte Ergänzungen zu der in der Bibliographie angeführten Literatur verdanke ich Dr. Leo Brod, Lili Glaser-Pálné, Leopold Gschirrmeister, Lili Hatvany, Gisela Henning, Prof. Dr. Alfred Hirsch, Lenka Indra, Lotte Ingham, Grete Jancso, Stefanie Kabelac, Barbara Karner, Lenke Koromzay, Anna Langer, Dir. Josef Litván, Dr. Fritz Müller, Prof. Dr. Otto Novotny, Madlene Rainer-Harbach, Helene Schatz, Josef Schrammel, Leopoldine Schrammel, Dr. Alfred Stanka, Marianne Steiner, Henriette Thallmayer, Slavká Vondráčková.

Um die Erleichterung meiner Nachforschungen sowie um die Beschaffung von Fotomaterial bemühten sich neben den bereits Genannten mit großer Anteilnahme an meiner Arbeit Prof. Hiltraud Ast, Hans Georg Appel, Iván Boldizsár, Willy Brod, Maria Burgleitner, Prof. Dr. Walter Cancura, Prof. Dr. Karl Fink, Anton Gajanec, Leopold Gschirrmeister, Dr. Ivan Hacker, Dr. Hans Haider, Klaus Hartung von Hartungen, Doz. Dr. Jan Havránek, Prof. Dr. Josef P. Hodin, Dr. Ferdinand Kirschner, Dr. Peter Kremslehner, Dr. Erwin Kubesch, Walter Lang, Doz. Dr. Karel Litsch, Konsul Erwin Müller, Dir. Erwin Nagl, Wolfgang Negwer, Prof. Dr. Richard Perger, Elisabeth Prilisauer, Annette Ripar, Prof. Dr. Hugo Rokyta, Doz. Dr. Vladimír Sadek, Dr. Peter Samek, Dr. Martin Svatoš, Dr. Sandor Scheiber, Werner J. Schweiger, Prof. Dr. Friedrich Schwetz, Dr. Laurenz Strebl, Dr. Alexander Varga, Dr. Berthold Weinrich, Dir. Elisabeth Wellner, Norbert Winkler und Prof. Ing. Alfred Wolf. Ohne ihre Unterstützung wäre das Zustandekommen dieses Bildbandes in der relativ kurzen mir zur Verfügung stehenden Zeit kaum möglich gewesen.

Mein besonderer Dank gilt folgenden Personen: Valerie Freundová und Walter Weil haben viel Zeit geopfert, um mir in

Prag behilflich zu sein. Jozef Krajňák hat mich durch die halbe Hohe Tatra begleitet, um Personen zu finden, die mir über Matliary Mitteilungen machen können. Dr. Auguszta O. Vértes und Dr. Andreas O. Vértes sowie Magdalena Szigeti haben sich in Budapest in rührendster Weise um mich gekümmert und mir zahlreiche Wege abgenommen. Theresia Verdino betätigte sich als eifrige Dolmetscherin, während sie mit mir Kafkas italienische Spuren verfolgte. Mag. Eva Dobretsberger hat mir im fotografischen Bereich große Dienste geleistet. Maria Reichstein stand mir mit Trostworten zur Verfügung, wann immer ich durch Tiefschläge bei erfolglosen Recherchen mutlos wurde.

Die aufwendigen Forschungsarbeiten wurden durch die finanzielle Unterstützung des Bundesministeriums für Wissenschaft und Forschung und von der Franz-Kafka-Gesellschaft Wien-Klosterneuburg ermöglicht.

György Sebestyen hat mich zu einer näheren Auseinandersetzung mit Kafka in Österreich motiviert. Hans Weigel hat mich u. a. dazu ermutigt, meine Ergebnisse in einem Buch zu veröffentlichen. Danke!

Laufende Nr.	Haus-Nr.	Name	Charakter oder Beschäftigung	Alter	Religion	Stand
		1924				
1	170.	Bendel Johann	Pringel	26/9 1841.	K.	v.
2	71.	Dr. Franz Kralter	Schriftsteller	3/VII 1883	mos.	l.
3	26.	Pfundstein Johann	Privat	31/12 1848	K.	v.
4	9.	Zimmer Christina	Häuslerin	24/12 1857	K.	v.